AFFAIRE DE LA SALETTE

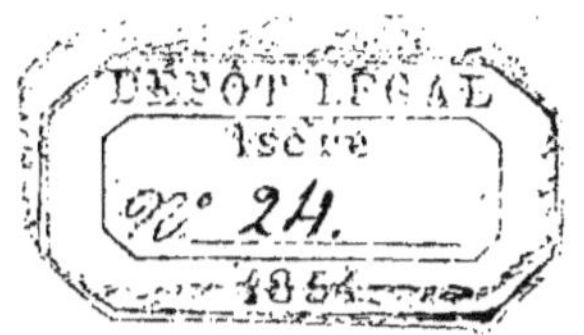

MÉMOIRE AU PAPE

PAR

PLUSIEURS MEMBRES DU CLERGÉ DIOCÉSAIN

DE GRENOBLE

GRENOBLE

IMPRIMERIE DE E. REDON, RUE BAYARD, N° 13

1854

Membres du clergé diocésain de Grenoble, nous sommes les enfants de cette Eglise de France, qui, à toutes les époques, se signala par son amour de la discipline, par son culte pour le principe d'autorité qui se personnifie dans le vicaire de Jésus-Christ.

Dans ces dispositions et avec cet esprit, le Mandement de notre vénérable évêque sur la Salette nous trouva respectueux et soumis.

Mais votre sainteté n'a point reconnu le fait de l'apparition : Elle n'a point parlé.

Nous savons de source certaine que le secret des deux bergers n'offre point à Votre Sainteté ce qui convainc et persuade, et que, par amour de la vérité, elle sera heureuse de recevoir un mémoire calme, clair et précis.

C'est avec bonheur et empressement que nous entrons dans la pensée et les vues de Votre Sainteté.

Nous tenons à l'unité ; l'unité ne peut se trouver que dans la vérité, la vérité ne peut être fixée que par le Pontife suprême.

Nous déposons donc humblement aux pieds de Votre Sainteté cet exposé qu'elle désire, qu'elle accueillera avec une sollicitude presque divine.

La décision que portera Votre Sainteté dissipera toutes les inquiétudes, préviendra tous les dangers, et réunira, dans un même sentiment, évêques, pasteurs et fidèles. ROME AURA PARLÉ.

Oui, nous n'avons qu'un seul but : resserrer de plus en plus, entre nous, sous le drapeau de la vérité, les liens sacrés de la charité ; les resserrer à la voix de Pierre.

Cette voix consacre toujours les droits imprescriptibles de la vérité, si chère au cœur de Votre Sainteté, si chère au cœur de votre clergé et de votre immense troupeau. Il nous suffit de pouvoir dire avec assurance : ROME A PARLÉ.

⸻⸺❧✦❧⸺⸻

SOMMAIRE.

Il n'y a aucune raison de croire ; il y a au contraire de fortes raisons pour ne pas croire à la Salette.

Quelque temps avant l'apparition en question, on admit dans le diocèse de Grenoble, comme miraculeux, divers faits qui n'étaient rien moins que tels, et que l'on peut rougir à présent d'avoir élevés à cette hauteur. C'est là une présomption que la Salette a été adoptée sans critique et contre toute critique. (Doute premier, page 7 du Mémoire.)

Le caractère des enfants de la Salette est un fort préjugé contre la vérité de leurs dires. L'apparition de la sainte Vierge, si elle avait eu lieu, n'aurait opéré en eux aucun heureux effet. De plus, ils se sont contredits ; ils ont menti à l'endroit même de leur mission. A-t-on jamais vu des envoyés de Dieu se contredire et mentir dans les choses qu'ils annoncent ? (Doute deuxième, page 8.)

Les relations adoptées dans les livres composés en faveur de la Salette, et qui sont revêtus de l'approbation épiscopale, ne sont point celles qui ont été données dès le principe. On a retranché des premiers écrits ; on y a ajouté ; on les a changés. Ces altérations sont en choses notables ; elles sont substantielles. (Doute troisième, page 10.)

Le langage qu'on fait parler à
ble, de quelque manière qu'on l'envisage. La mère de Dieu prédit des
choses qui ne se réalisent point; ce qui prouve qu'elle n'a pas parlé, qu'elle
n'est pas apparue. (Doute quatrième, page 14.)

Ces guérisons appelées miraculeuses, qu'on dit avoir été obtenues par
l'invocation de Notre-Dame de la Salette, ou n'ont pas une liaison nécessaire avec l'apparition , ou ne sont pas reconnues et ne sont nullement
authentiques, ou même sont évidemment des impostures sacriléges. (Doute
cinquième, page 18.)

Un des deux enfants s'est rétracté auprès d'un vénérable et saint curé.
Il n'y a pas eu l'ombre même d'un malentendu entre le curé et l'enfant.
Les aveux ont été clairs et positifs. Ils ont été faits dans des circonstances
qui montrent jusqu'à l'évidence que l'enfant a été sincère en avouant son
insigne mensonge. Et les preuves de ce démenti de l'enfant sont nombreuses, péremptoires, sans réplique tant soit peu valables. Ainsi, on a pour la
fausseté de la Salette , l'aveu de celui-là même qui a débité cette fable. .
(Doute sixième, page 21.)

Après la prétendue apparition de la Salette, il y en eut un grand nombre
d'autres, notamment dans le diocèse de Valence. On peut alléguer en leur
faveur tout ce que l'on a dit pour la Salette , et cependant, les croyants à
la Salette les rejettent ; donc, ils doivent aussi repousser la Salette. (Doute
septième, page 27.)

Une même personne, personne toute humaine, peut avoir fait ces diverses apparitions. On cite deux bohémiennes qui pourraient être les héroïnes
de la Salette. Une ancienne religieuse, surtout, Mlle de Lamerlière, paraît
avoir joué ce rôle. Le costume qu'elle possédait , même avant le 19 septembre 1846 , et qui est exactement conforme à celui de la dame de la
Salette ; les paroles qu'elle a dites , certains actes qu'elle a faits portent à
croire que l'apparition est vraiment son œuvre. (Doute huitième , page
29.)

Comme on ne comprendrait pas les progrès de la Salette si on ne connaissait les moyens employés pour la faire recevoir, il faut un historique
de la conduite des croyants. Là se révèlent des énormités. On a pris toutes les voies possibles de propagande ; on a fait en ce genre des choses
incroyables ; on n'a jamais voulu de discussion ; jamais la contradiction

n'a pu se produire. On a défendu sous tous les anathèmes de s'élever contre la Salette. Les punitions et les récompenses ont été employées à l'égard des membres du clergé , suivant qu'ils étaient incroyants ou croyants. On a persuadé à l'univers que la Salette ne rencontrait sur les lieux aucun dissident. Elle s'est établie par la force, par l'habileté, par tous les moyens humains. (Doute neuvième, page 31.)

Il fallait terminer en montrant les conséquences de la Salette. Elles sont désastreuses. Un faux miracle fait douter des vrais. Si on en admet à présent qui ne sont pas fondés, pourquoi, se demandent bien des personnes, n'en aurait-on pas adopté de semblables dans les siècles passés ? Les croyants prêchent et écrivent que Rome s'est prononcée en faveur de la Salette. Ils font dire que Rome s'est trompée. Il en résulte pour certains esprits une difficulté de croire à l'infaillibilité de l'Eglise. Enfin, les malheureux enfants de la Salette se montrent des instruments entre les mains des partisans de Louis XVII. Cette rêverie paraît être le fond de toute cette affaire. Ils y joignent de véritables hérésies , des hérésies fondamentales , des prédictions anarchiques qui appellent l'anathème du ciel et la pitié de la terre. Dans quel précipice pour la foi et les mœurs on irait se jeter si on les suivait, ou ceux qui les inspirent ! (Doute dixième, page 51.)

Tels sont les points de notre *Mémoire*. Nous ne pouvons répondre de la justesse de nos réflexions , mais nous garantissons les faits jusque dans leurs plus légers détails ; nous sommes en état d'en fournir la preuve. Pour nous aider , nous avons sous les yeux des manuscrits tout-à-fait consciencieux. Les choses y sont *in extenso ;* M. Rousselot, le principal écrivain en faveur de la Salette , y est suivi pour ainsi dire pas à pas ; il y reçoit la réponse à toutes ses assertions. Cet ouvrage n'a point été publié ; nous en prenons le fonds et le faisons passer dans notre travail.

Ce que nous disons , nous le présentons sous la forme du doute. Cette manière nous paraît plus convenable, plus délicate, en nous adressant à Sa Sainteté. Mais nous ne doutons pas ; nos doutes sont pour nous des certitudes. Cette certitude sera partagée à la seule lecture du

MÉMOIRE SUR LA SALETTE.

DOUTE PREMIER

TIRÉ DE QUELQUES FAITS QUI ONT PRÉCÉDÉ LA SALETTE.

Avant le 19 septembre 1846, époque où la Sainte-Vierge serait apparue à la Salette, il s'est produit dans le diocèse de Grenoble plusieurs faits qui dénotent des dispositions beaucoup trop faciles à admettre le miraculeux et qui font tenir en garde contre ce qui se raconte de ce genre. Dans un couvent de la banlieue de Grenoble, il s'est passé des choses énormes. Là, une religieuse, jouant aux miracles, montra un jour sa puissance en appelant sur une feuille de papier quelques gouttes de sang du Rédempteur. Cette relique a été adorée, elle est encore à présent conservée dans la chambre de la supérieure. A son occasion, la confrérie du Précieux-Sang a été établie dans la maison. Bien plus, une église a été bâtie en mémoire de ce merveilleux événement ; pour les frais de construction, on mit à profit la générosité de Dames lyonnaises. Mais ce sang, qu'était-il ? On n'ose le nommer... Le médecin de la maison devina sans peine qu'elle était sa nature. L'ignoble secret fut un peu dévoilé. Mgr l'évêque, dont la religion était si indignement trompée, fut averti. On le pria d'arrêter la construction projetée. Voici sa réponse :

« 3 février 1845.

« Réclamations inutiles. Les travaux étaient trop avancés, les pierres « taillées, etc.

« J'ai obtenu un nouveau plan et un nouveau devis moins dispendieux. « Les Dames de Lyon consentent à supporter la plus grande partie des « frais de la construction, etc. »

L'église n'est donc pas aussi belle qu'elle devait être ; pourtant elle est bien, elle est jolie. Monseigneur en a fait la bénédiction, l'a placée sous le vocable du Précieux-Sang, et il y a procès-verbal de la cérémonie. Cette église est détachée du couvent ; elle devait être mise en rapport avec un chemin voisin, afin que les fidèles pussent venir faire leur offrande. Elle est fermée depuis plusieurs années ; on n'ose pas la livrer au public. Du reste, il y en a une autre qui est fort convenable.

Quelque temps après, la même thaumaturge donna un nouveau miracle. Une hostie est vue dans les doigts d'une statue de la Sainte-Vierge. L'évêché est informé. Monseigneur vient avec un grand vicaire. Celui-ci, avec toutes les précautions de la foi et de la piété, va prendre l'hostie miraculeuse ; elle tombe avant qu'il la touche, emportée par l'agitation de l'air. Monseigneur soupçonne une supercherie, se retire, ne veut pas qu'on dise qu'il a été présent. Il ordonna d'abord à l'aumônier de détruire cette hostie; il consentit ensuite à ce qu'elle fût conservée. Elle est en effet, avec un corporal, dans une boîte qui a le sceau de l'évêché et qui est placée dans l'église du Précieux-Sang.

Quelque chose de mystérieux s'est encore passé dans ce couvent, mais il y a peu de temps. Une religieuse (toujours la même, la sœur Saint-

Augustin), entre huit et neuf heures du soir, a soutenu un combat contre deux voleurs que personne n'a vus ni entendus , et qui n'ont pas laissé trace de leur passage. Elle a reçu mille blessures dont aucune ne va plus loin que la peau. Mais elle a invoqué dans ce danger suprême Notre-Dame de la Salette, qui s'est montrée à elle et l'a défendue. Déjà un monument est élevé à l'endroit de cette lutte merveilleuse ; c'est une petite chapelle (la troisième de la maison) où l'on a mis une statue de la Sainte-Vierge.

En dehors de ce couvent , on pourrait citer bien d'autres faits de crédulité. On a vu la guérison d'une religieuse , guérison présentée comme miraculeuse , attestée par un docteur-médecin , par des personnes de la maison, par des chanoines, par des directeurs de séminaire. Monseigneur lui-même , qui a légalisé les signatures, se sert d'expressions qui semblent la reconnaissance du miracle , qui n'était pas sérieux , et que la tombe a bientôt recouvert. En 1843 , on ne manqua pas de croire tout de suite à l'apparition prétendue d'une croix en Chine. Mais il est inutile de rapporter d'autres faits de ce genre. Après le premier cité, cette immonde idolâtrie, que signifie le reste ? Ces antécédents font connaître sur quel terrain on se trouvait quand la Salette fut annoncée ; ils ont pu l'adopter couramment ceux qui ont cru tant d'autres choses.

DOUTE DEUXIÈME

TIRÉ DU CARACTÈRE DES ENFANTS DE LA SALETTE.

Quand il s'agit d'un fait , on examine la valeur des témoins. On a pour témoigner de celui de la Salette un jeune garçon, qui entrait alors dans ses douze ans , et une jeune fille qui en avait bientôt quinze. La justice humaine accepte les dépositions des enfants comme renseignements et non pas comme preuves.

Maximin Giraud et Mélanie Mathieu présentent-ils un témoignage sur lequel on puisse établir un jugement ? Ils l'offrent d'autant moins que leur conduite semble opposée à leur récit, qu'ils ont menti et se sont contredits. Le jour où ils disent avoir vu la Sainte-Vierge, ils auraient dû être sous le coup d'une impression toute divine. Loin de là, ils furent calmes, indifférents , dissipés comme à l'ordinaire. Ils s'amusèrent avec les autres bergers , descendirent avec eux de la montagne , sans rien dire des merveilles dont ils devaient être si émus. Ceux qui furent si peu surnaturels le jour de l'apparition ne le sont pas devenus depuis. Il ne s'agit pas de fouiller dans leur intérieur et de raconter mille traits particuliers ; on ne veut dire que ce qui a un caractère extérieur et général. Ils furent admis bien tard à la communion; des enfants ordinaires furent jugés dignes de ce bonheur plus tôt que ces deux privilégiés du ciel. Les religieuses de Corps, pendant qu'ils leur étaient confiés , ne pouvaient s'empêcher de convenir, malgré leur foi à la Salette, qu'ils étaient loin d'être sans défauts. Maximin s'échappait souvent pour aller dans les cafés fumer et boire de l'eau-de-vie. Après plusieurs années passées au couvent ou au presbytère, il a demeuré un an au petit séminaire de Grenoble, un an à celui de la Côte-Saint-André, un an encore à celui de Grenoble. Il a toujours été un mauvais élève ; toujours le dernier de sa classe, quand même il la répétait. Personne ne recevait plus, ni même autant de punitions que lui. Il faisait dire à ses condisciples : « C'est impossible, il n'a pas vu la Sainte-Vierge. » Dans le mois de juillet 1853, il mit un certain désordre dans la maison par tout ce qu'il annonçait. Ce qu'il disait de lui-même était magnifique ; il devait devenir généralissime des armées de France et placer Louis XVII sur le trône. Monseigneur n'a pas voulu qu'il rentrât au Petit-Séminaire ; il est chez un curé et continue à faire à peu près ce qu'il a fait partout. Pour Mélanie, elle a passé du couvent de Corps à celui de Corenc, près Grenoble. Elle est si extraordinaire, si folle, qu'on la dit possédée, ou du moins obsédée. Elle a fait force prophéties ; maintes et maintes fois, elle a vu la désolation et la destruction de Paris; la fin du monde n'est pas éloignée, et (on rougit de le répéter) l'Antechrist doit naître d'un évêque et d'une religieuse. Elle a pris l'habit, mais Monseigneur s'est opposé à ce que la novice fît ses vœux. On l'a envoyée à Vienne, d'où elle est venue à Corps. On la jugerait très-mal si on s'en rapportait à une parole de Maximin, il ne faut pas la citer. Tels sont les héros de la Salette. Les apôtres avaient des défauts, mais ils devinrent des hommes nouveaux du moment qu'il fallut commencer leur mission. Ces enfants (ils ne le sont plus maintenant) qu'ont-ils qui les recommande et qui montre des délégués de la Sainte-Vierge ? Ils sont les enfants terribles, et, par le fait, les plus grands adversaires de la Salette. Les croyants ne savent que dire; ils n'essayent plus de prendre leur défense, ils les abandonnent.

Ce qui est rigoureusement nécessaire dans des témoins, c'est l'uniformité de langage et de déposition. Or, sous ce rapport encore, les deux bergers laissent beaucoup à désirer. Mélanie a raconté que son maître, l'ayant envoyée à Corps, elle ne put revenir que tard. La nuit était obscure, mais voici qu'une lumière vint éclairer ses pas. Etait-ce un flambeau que quelqu'un portait ? Etait-ce une clarté lointaine ? Non, cette lumière était à ses côtés et était une faveur particulière, prélude du 19 septembre. Ne semble-t-elle pas, Mélanie, une conteuse ou une visionnaire, avec sa lumière miraculeuse ? Maximin a aussi des faits de son invention. Il passait pour être menteur avant d'avoir vu la Sainte-Vierge ; il a droit depuis cette époque à la même réputation. Des pèlerins étaient sur la montagne. Une femme leur raconte dans tous les détails le miracle de l'apparition, et elle ajoute; ce n'est pas tout, quand Maximin vint quelques jours après planter une croix à l'endroit d'où la Sainte-Vierge s'était élevée, il vit encore une dame ; mais cette fois elle était habillée de noir. La chose paraît importante ; on veut avoir des explications ; on interroge Maximin, avec qui on était monté. Il répond affirmativement. Mais les personnes de son entourage voient que cette conversation devient compromettante et y mettent fin. Que le fait de cette dame noire ait été imaginé pour mieux faire croire à celui de la dame *blanche* ; qu'il ait été retiré du domaine public parce qu'il produisait un effet contraire, telle est la persuasion ou impression qu'en conservent ceux à qui il fut rapporté. Maximin a dit que la Sainte-Vierge s'était plainte de ce que les garçons allaient à l'église pour jeter des pierres aux filles (textuel). Ces paroles parurent un peu ridicules, elles ne semblaient guère descendues du ciel ; on répéta si souvent à Maximin que la Sainte-Vierge n'avait pas pu les tenir, qu'il finit par convenir qu'en effet elle ne les avait pas dites ; il osa même nier qu'il les lui eût jamais attribuées. Mais il ne pouvait plus détruire son langage passé. Trop de personnes l'avaient entendu, et il était consigné dans des relations écrites envoyées à l'évêché. Aussi, dans les derniers mois de 1847, dans l'assemblée la plus solennelle, il avoua tout. Mélanie ne cacha pas non plus qu'elle avait parlé d'une lumière providentielle qui l'avait accompagnée. Cela est grave. Des témoins qui, au fait en question en ajoutent d'autres imaginaires, qui prêtent au personnage de l'apparition des mots qu'il n'avait pas prononcés, ces témoins méritent-ils d'être crus pour tout le reste qu'ils rapportent ? Les deux bergers ont menti et se sont contredits à l'endroit de leur mission ; y a-t-il dans l'histoire un seul exemple de pareils envoyés de Dieu ? Ce doute va être fortifié par le suivant.

DOUTE TROISIÈME

TIRÉ DES RELATIONS CONTRADICTOIRES.

M. Rousselot (page 59, *La Vérité sur l'Événement*, etc.) dit : « Le récit « que nous donnons ici.... renferme textuellement ce que les enfants « ont dit le premier jour, ce qu'ils ont répété depuis à des milliers de « personnes..... Leurs maîtres, leurs parents... assurent tous que, dès le « commencement, ils ont dit les mêmes choses, sinon avec la même facilité « et la même volubilité, du moins sans varier jamais ni pour le fond, ni « même pour les expressions, qu'ils aient été interrogés séparément ou « simultanément (page 59). Nous avons sous les yeux les premières rela-« tions manuscrites faites par des personnes de mérite et dignes de toute « confiance, et ces relations prouvent jusqu'à l'évidence que les petits « bergers n'ont rien ajouté, rien retranché par la suite, à ce qu'ils ont dit « dès le commencement (page 60). Tous ceux qui, dès les premiers jours « après l'apparition, interrogèrent les enfants et prirent des notes, attes-« teraient au besoin que les deux enfants ont tenu constamment et à tous « le même langage, sans variation aucune ni pour le fond ni pour la « forme. »

On pourra juger si le discours donné par M. Rousselot en 1848 renferme textuellement ce que les enfants ont dit *dès le premier jour;* si, d'après les premières relations manuscrites, les petits bergers n'ont *rien ajouté, rien retranché par la suite à ce qu'ils ont dit dès le commencement ;* s'ils ont tenu *constamment et à tous* le même langage, sans variation aucune ni pour le fond ni même pour la forme.

En composant ce mémoire, on a sous les yeux plusieurs relations écrites dans les mois d'octobre et de novembre 1846. La plupart ont été envoyées à l'évêché en 1846 sont bien connues de M. Rousselot ; les croyants, dès lors, ne peuvent les repousser, elles appartiennent à des hommes de leur opinion.

On voudrait pouvoir se dispenser de faire connaître leurs auteurs, mais quand une preuve repose sur un témoignage, on est forcé de dire quel est le témoin. Du reste, ceux qui ont écrit ces relations n'ont point fait de mal, et on ne leur nuit pas en les nommant.

Voici donc les personnes qu'on a en vue :

M. Day, curé de Saint-Pierre-de-Mésage, alors curé de Lasalle.

M. Emery, curé de Saint-Honoré, alors vicaire de Mens.

M. Verdon, mort à présent, alors vicaire à la Mure.

M. Guillaud, curé à Toussieux, alors à la maîtrise des enfants de chœur de la cathédrale.

M. Chambon, alors supérieur du Petit-Séminaire de Grenoble, puis chanoine, maintenant vicaire général titulaire du diocèse. M. Chambon, à la Salette, était accompagné de M. Martin, alors directeur du Petit-Séminaire, maintenant curé de la Tronche ; de M. Oriol, alors professeur au Petit-Séminaire, maintenant curé de Gières ; de M. Garnier, alors aussi professeur, maintenant dans le diocèse de Versailles. La relation de M. Chambon était signée par lui et par ces trois prêtres du Petit-Séminaire, en sorte qu'elle ne doit pas compter pour une mais pour quatre.

M. Long, notaire à Corps, suppléant du juge de paix. Le 30 octobre 1846, M. Long recevait la déposition des deux enfants en présence de cinq ecclésiastiques, de quinze personnes de Corps, d'une dizaine de la Salette. Voilà bien des témoins.

Enfin, on peut citer un petit livre imprimé à Paris, mars 1847, chez Bouasse-Lebel.

Il serait aussi inutile que fastidieux de rapporter en entier ces relations ; pour atteindre le but, ce sera assez d'en mettre certains passages en regard de ceux qui leur correspondent dans le récit de M. Rousselot. On verra d'un coup d'œil combien ces relations ressemblent peu à la relation approuvée, combien même elles diffèrent entre elles.

1° M. Day : « la Sainte-Vierge a   M. Rousselot. — Rien. dit que les jeunes personnes faisaient de mauvaises confessions, et que, si elles osaient, elle se feraient porter à manger à la danse. »

Cette plainte de la Sainte-Vierge, les enfants, à ce qu'il paraît, n'ont pas tardé à la *retrancher* de leur récit, car elle ne se trouve que dans une relation. Maximin avait plus à cœur de conserver son dire au sujet des pierres jetées aux filles ; il ne l'a abandonné, pour ainsi dire, qu'à l'extrémité.

2° M. Day : « Tout ce récit est   M. Rousselot : « Celle qui avait fidèlement donné par la petite Méla-   gravé en caractères ineffaçables le nie, et quoique le petit Germain (Maximin) n'ait pu le donner avec la même suite, il a toujours dit, en l'entendant raconter par sa petite compagne, que c'était bien cela. » fond des choses dans l'ingrate mémoire des deux petits bergers, leur donna en même temps cette facilité étonnante de débit que tout le monde admire. »

M. Guillaud, la même chose.

Selon M. Day et M. Guillaud, Maximin, dans les commencements, ne savait pas faire son récit. Leur dire est confirmé par le trait suivant : Un fonctionnaire de l'Université, haut placé, étant à Corps, voulut voir les héros de la Salette ; il va au couvent où ils sont. Il n'était pas entré seul et il trouva encore là un certain nombre d'étrangers.

Maximin, devant toute l'Assemblée, fait l'histoire de l'apparition. Il s'exprime avec volubilité, comme un écolier aurait pu réciter une leçon bien apprise. — Mon enfant, demande le personnage dont nous parlons, ce que vous nous dites, le saviez-vous dans le commencement comme vous le savez à présent ? — Non, monsieur.— Comment avez-vous donc fait pour rappeler vos souvenirs ? —C'est M. le curé. Cette réponse de Maximin prouve que, dans le principe, il n'avait pas de la facilité à faire son récit. *(Elle prouve bien plus encore,* disent certaines personnes). M. Rousselot semble en convenir lorsqu'il dit : les enfants ont toujours rapporté les mêmes choses, *sinon avec la même facilité et la même volubilité,* du moins sans varier jamais. Il disait cela dans son premier ouvrage. Dans son second livre (*Nouveaux Documents,* page 61), il fait la phrase citée ci-dessus : « celle qui avait gravé en caractères ineffaçables etc. » C'est une contradiction.

3° M. Guillaud : « La dame donna ensuite des conseils de sagesse à chacun des enfants. Elle leur recommanda de ne jamais dire à personne ce qui ne regardait qu'eux-mêmes. La petite Mélanie dit qu'elle se rappelle très-bien les choses secrètes que la dame a dites pour elle-même. Le petit Germain (Maximin) dit la même chose. — M. Rousselot. — Secret sans désignation.

M. Emery : « La dame donna à chacun des enfants un conseil de sagesse qu'ils appellent leur secret. »

M. Day : « La dame leur donna ensuite des conseils de sagesse. »

M. Verdon : « Avant que de disparaître, elle leur confia à chacun un secret personnel. »

M. Chambon : « La dame, en finissant, leur a dit successivement un secret qui leur est personnel. »

Voilà cinq relations, on peut dire huit, qui s'accordent à dire que le secret donné aux enfants leur était personnel, qu'il ne les regardait qu'eux-mêmes, qu'il avait pour objet des conseils de sagesse, et dans la relation adoptée (de M. Rousselot), il n'est rien dit de ces qualifications ! bien plus, on a été forcé de présenter un secret, ceux qui l'ont porté à Rome ont dit que c'était une annonce de châtiments. Le secret a donc changé de nature ? au lieu de ne concerner que les enfants, il intéresse le public ! Que conclure de tout cela ?

4° M. Day : « Si vous avez du   M. Rousselot, point de mot :
blé il ne faut pas le semer , parce   année prochaine.
que *l'année prochaine* les insectes le
dévoreront, et s'il en reste, quand on voudra le battre, il tombera tout en
poussière. »

M. Verdon, la même chose.

M. Emery, la même chose.

Dans le petit livre imprimé à Paris, mars 1847, chez Bouasse-Lebel,
la même chose.

Il était donc bien annoncé en 1846, que le blé se gâterait *l'année
prochaine*, c'est-à-dire en 1847. Les croyants s'y attendaient, les enfants
avaient toujours parlé ainsi , on fut étonné en voyant ici une belle récolte
et en apprenant que dans le Midi de la France elle avait été plus belle
encore. Est-ce pour cela que le mot *année prochaine* a été supprimé ?

5° M. Day ne parle pas des rai-   M. Rousselot : — Les raisins
sins ni des noix.   pourriront et les noix deviendront
    mauvaises.

M. Verdon n'en parle pas ;

M. Emery n'en parle pas ;

M. Guillaud n'en parle pas ;

M. Long n'en parle pas ;

M. Chambon n'en parle pas.

On peut remarquer dans la lettre de M. Long que les enfants ne disent mot des raisins qui doivent se gâter , mais qu'en revanche, devant
lui et devant cette trentaine de personnes, ils ne craignent pas de raconter
la plainte de la Sainte-Vierge, que les garçons vont à l'église pour jeter
des pierres aux filles. C'est cette sotte parole qu'on lit dans un plus grand
nombre de relations. M. Chambon et ses trois professeurs l'ont aussi en-
tendue eux-mêmes de la bouche des enfants, cependant il ne jugent pas
à propos de la relater dans leur rapport fait à l'évêché ; elle leur a paru
sans doute de mauvais goût et peu digne de la reine du ciel, ce n'était
pourtant pas une raison pour se taire. Quand on fait une relation, on dit
tout.

M. Rousselot (page 64 du livre : *la Vérité sur l'Evénement*) dit, en parlant du rapport de M. Chambon, que, sans donner le texte même des paroles de la Sainte-Vierge, il en contient exactement le fond. Dans les
Nouveaux Documents, page 55, il est dit que le récit de M. Chambon est
identique avec celui qui est donné par M. Rousselot dans l'ouvrage : *la
Vérité sur l'Evénement....* Comment ! parfaitement semblable pour le fond !
identique ! Il y a bien au moins deux énormes différences : M. Chambon
ne dit pas que les raisins se gâteront, et il parle d'un secret personnel.
Ces deux points sont les principaux, et qui ont le plus frappé dans le récit des enfants, si quelque chose a paru frappant. Et qu'on remarque que
M. Chambon et ses compagnons de voyage ont tenu pendant cinq heures
les deux petits bergers, qu'ils les ont tournés et retournés en tous sens.
Certainement que les enfants leur auraient parlé des raisins qui devaient

se gâter, si alors ils en avaient parlé à quelqu'un. Du reste, comme on l'a vu, les relations de cette époque sont unanimes. Dans toutes, silence complet à cet égard. Il est donc indubitable que, dans les commencements, les enfants n'ont pas dit mot sur ce point. Cependant, dès 1845, on s'était aperçu en Angleterre que les raisins pourrissaient. Le mal s'étendit et la nouvelle s'en répandit. Aussi, en 1847, on voit poindre pour ainsi dire la prophétie de la maladie de la vigne. En 1848, M. Rousselot publie son premier ouvrage et annonce que les raisins se gâteront ; c'était un peu tard.

Peut-on dire que les enfants aient tenu dès le commencement le langage qu'ils ont tenu, ou, si l'on veut, qu'on leur a fait tenir dans la suite ? Dans le récit officiel, qui fait autorité, voilà quatre ou cinq choses qui en sont retranchées, une qui y est ajoutée. Ce discours n'est pas sorti, en entier de la bouche de la *dame* ; il a subi des transformations ; c'est avec le temps qu'il est arrivé à son état actuel et qu'il a été fixé. La main de l'homme peut y paraître ; celle de la sainte Vierge y est-elle bien visible ?

DOUTE QUATRIÈME

Les quelques mots cités du discours donné par M. Rousselot ne suffisent pas pour le faire connaître ; pour l'apprécier, il faut l'avoir tout entier. On peut prendre indifféremment celui de Mélanie ou celui de Maximin ; ils sont à peu près les mêmes. La version de Maximin est préférable en ce qu'elle est un peu moins longue (Voir *la Vérité sur l'Evénement de la Salette*, page 65.) :

« Si mon peuple ne veut pas se soumettre, je suis forcée de laisser aller
« le bras de mon fils ; il est si lourd et si pesant, que je ne puis plus le re-
« tenir depuis le temps que je souffre pour vous autres ! Si je veux que
« mon fils ne vous abandonne pas, je suis chargée de le prier sans cesse
« pour vous autres qui n'en faites aucun cas.

« J'ai donné six jours pour travailler, je me suis réservé le septième, et
« on ne veut pas me l'accorder ! c'est ça qui appesantit le bras de mon
« fils.

« Aussi ceux qui mènent les charrettes ne savent plus jurer sans y
« mettre le nom de mon fils, ce sont les deux choses qui appesantissent
« tant le bras de mon fils.

« Si la récolte se gâte, ce n'est rien que pour vous autres, je vous l'ai
« fait voir l'année dernière par la récolte des pommes de terre ; vous n'en
« avez pas fait cas ; c'est au contraire, quand vous en trouviez de gâtées,
« vous juriez, vous mettiez le nom de mon fils ; elles vont continuer à
« pourrir, et à Noël il n'y en aura plus.

Mélanie ne comprenait pas bien et commençait à demander à Maximin ce que voulait dire le mot : pommes de terre ; aussitôt, la dame répondit : « Ah ! vous ne comprenez pas le français, mes enfants ; je vais vous le

« dire autrement (et elle parla en patois) : Si la récolte se gâte (la dame
« reprend cette phrase), ce n'est rien que pour vous autres ; je vous l'ai
« fait voir l'année passée par les pommes de terre, vous n'en avez pas
« fait cas ; c'était au contraire , quand vous en trouviez de gâtées, vous
« juriez, vous mettiez le nom de mon fils ; elles vont continuer, *que* pour
« la Noël il n'y en aura plus.

« Que celui qui a du blé ne le sème pas , *que* les bêtes le mangeront ;
« s'il en vient quelques plantes, en le battant il tombera tout en pous-
« sière.

« Il va venir une grande famine ; avant que la famine vienne, les petits
« enfants au-dessous de sept ans prendront un tremblement, mourront
« entre les bras des personnes qui les tiendront, et les grands feront leur
« pénitence par la faim. Les raisins pourriront et les noix deviendront
« mauvaises.

« S'ils se convertissent, les pierres, les rochers se changeront en blé,
« les pommes de terre se trouveront ensemencées par la terre.

« Elle dit ensuite : Faites-vous bien votre prière, mes enfants ? tous
« deux répondirent : Oh ! non, madame, pas guère. Ah ! mes enfants, il
« faut bien la faire, soir et matin ; quand vous n'aurez pas le temps, dire
« seulement un *pater* et un *ave maria*, et quand vous aurez le temps en
« dire davantage.

« Il ne va que quelques femmes un peu âgées à la messe, et les autres
« travaillent tout l'été ; et puis, ils vont l'hiver à la messe rien que pour
« se moquer de la religion ; ils vont à la boucherie comme des chiens.

« Ensuite elle dit : N'avez-vous jamais vu du blé gâté, mes petits ?
« Maximin répondit : Oh ! non, madame, nous n'en avons jamais vu.
« Alors elle dit à Maximin : tu dois bien en avoir vu une fois vers le *coin*
« avec ton père , *que* l'homme de la pièce dit à ton père : venez voir
« mon blé gâté ; vous y allâtes ; il prit deux ou trois épis dans sa main,
« et puis il les frotta, et puis tout tomba en poussière. Et puis, en vous
« en retournant, quand vous n'étiez plus qu'à demi-heure loin de Corps,
« ton père te donna un morceau de pain, en te disant : tiens, mon petit,
« mange ce pain, *que* je ne sais qui en va manger l'an qui vient. Maximin
« répondit : c'est bien vrai, madame, je ne m'en rappelais pas. Après
« cela, la dame dit en français : Eh bien ! mes enfants, vous le ferez
« passer à tout mon peuple. Elle traversa le ruisseau et sans se re-
« tourner, elle leur dit encore : Eh bien ! mes enfants, vous le ferez
« passer à tout mon peuple. Elle est montée une quinzaine de pas, ses
« pieds ne touchaient que le bout de l'herbe, etc. »

Pour le costume de la dame, voici ce que dit Mélanie : « Elle avait
des souliers blancs avec des roses autour de ses souliers , il y en avait de
toutes les couleurs ; des bas jaunes, un tablier jaune, une robe blanche
avec des perles partout ; un fichu blanc, des roses autour, un bonnet
haut, un peu courbé en avant ; une couronne autour de son bonnet avec
des roses ; elle avait une chaîne très petite qui tenait une croix avec son

Christ ; à droite étaient des tenailles, à gauche un marteau ; aux extrémités de la croix, une autre grande chaîne tombait comme des roses autour de son fichu. Elle avait la figure blanche, allongée ; je ne pouvais pas
la voir bien longtemps, *pourquoi* qu'elle nous éblouissait » (page 59). Ce
discours fournit matière à plusieurs objections.

Bien des personnes, ne considérant même que le costume de la dame,
rejettent l'apparition. Elles le trouvent grotesque et nullement fait pour la
Sainte-Vierge. Cette coiffe montante et courbée en avant, ce Christ, ces tenailles, ce marteau (pourquoi ne s'est-elle pas chargée de tous les autres
instruments de la passion ?), ces bas jaunes, ce tablier jaune (elles n'ont
jamais entendu parler de jaune pour les couleurs de la Sainte-Vierge).
Tous ces brillants, tout cet ensemble forment à leurs yeux une caricature.
C'est une folle qui est apparue, si toutefois quelqu'un est apparu, disent-
elles. Ce qui ferait croire que ce n'est pas uniquement une affaire de goût,
c'est que des images de la Salette présentent là-dessus des changements
notables. Le bonnet haut et courbé en avant est changé en diadème, etc.
On a corrigé, donc on pensait qu'il y avait à redire. Les dames ont un
argument *invincible* contre l'apparition ; les gens lettrés et accoutumés au
beau langage en ont un autre : C'est le style du discours donné à la
Sainte-Vierge qui les heurte et les choque; qu'il fût simple pour de petits bergers, à la bonne heure ; mais il ne fallait pas des platitudes et des
trivialités. La reine du ciel n'a pas pu parler ainsi. La question pour eux
est jugée. L'homme des champs à son tour fait ces réflexions : les enfants
disent que la dame marchait sur la pointe de l'herbe, que ses pieds ne
touchaient que le bout de l'herbe ; mais au 19 septembre, il n'y a point
d'herbe sur ces montagnes, il n'y a qu'un gazon ras ; comment alors marchait-elle sur la pointe de l'herbe ? comment a t-on pu s'en apercevoir ? Ainsi, chacun à son point de vue juge le récit des enfants et le
condamne. Ces considérations peuvent n'être pas sans valeur ; mais, en
voici d'autres qui en ont certainement.

. La *dame* fait presque la moitié de son discours en français. Comme elle
voit qu'elle n'est pas comprise, elle parle patois, elle ne reprend en cette
langue que la dernière phrase qu'elle a faite et non les précédentes.
Quand elle arrive à la fin de son discours, elle recommence à parler français. Ce n'est qu'en français qu'elle dit ces mots, bien aussi difficiles à entendre que tous les autres : « Eh bien ! mes enfants, faites-le passer à tout
mon peuple. » Or, on demande : comment la Sainte-Vierge n'a-t-elle pas
prévu que les enfants ne la comprendraient pas si elle parlait français ?
et comment ont-ils alors compris et retenu ce qui ne leur a été dit qu'en
français ? Cette réflexion vient à l'esprit de tous et saute, pour ainsi parler, aux yeux. M. Emery et M. Guillaud rapportent que la Sainte-Vierge
dit aux enfants : avancez, n'ayez pas peur, je suis ici pour vous conter une
grande nouvelle, et comme ils ne comprenaient pas, elle ajouta : descendez, je vous parlerai en patois. Dans cette version, il y a toujours la même
difficulté, que la Sainte-Vierge n'a pas deviné qu'elle ne serait pas com-

prise en parlant français ; mais, il y a de plus une contradiction. A M. Emery et à M. Guillaud, les enfants auraient dit que la dame aurait parlé patois tout le temps, à l'exception de ces deux mots : avancez, etc. ; et ils auraient dit à d'autres qu'elle avait fait la moitié du discours en français.

Le public a vu une grande objection dans ces deux langues parlées par la dame, le français pour une partie de son discours, le patois pour l'autre partie. Mais, pour ceux qui veulent faire une étude spéciale de la question et examiner davantage, il y a contre la Salette une difficulté encore plus sérieuse dans le *non* accomplissement des prophéties qu'ont faites les enfants. Ils ont annoncé une famine pour l'année 1847. *L'année prochaine,* disaient plusieurs relations écrites en 1846. Cette interprétation, du reste, n'est pas opposée, elle est même très conforme au texte adopté. « Que celui qui a du blé, y est-il dit, ne le sème pas, les bêtes le mangeront ; s'il en vient quelques plantes, en le battant il tombera en poussière. » Ce blé qu'il ne faut pas semer, c'est celui que l'on a en 1846, et c'est celui que les bêtes mangeront ou qui tombera en poussière. Donc c'est en 1847 que le blé doit se gâter. Et puis, il faut bien que l'époque de l'accomplissement de la prédiction soit fixée. La prophétie d'une famine, sans désignation de temps, serait trop facile à faire ; on serait bien sûr que tôt ou tard elle se réaliserait. Ainsi, en 1847, les hommes devaient faire pénitence par la faim. Et pourtant il n'en a pas été ainsi, la récolte de cette année fut bonne. Donc les enfants de la Salette ont fait une prophétie mensongère.

Mais la prophétie était conditionnelle ; si on se convertissait, on devait être épargné. S'est-on converti ? On a fait des habitants de Corps, considérés avant le 19 septembre 1846, de bien tristes peintures ; on a exagéré. On les dit très parfaits depuis cette époque ; c'est une autre exagération, plus grande peut-être que la première. En 1847 (c'est l'année en question, et celles qui ont suivi n'ont pas été moralement meilleures, si elles n'ont pas été pires), on a vu, à Corps, moissonner sans nécessité, le dimanche du Sacré-Cœur, le second de la Fête-Dieu. En 1847, dans les auberges, on avait de la peine à trouver du maigre les jours d'abstinence. En 1847, de jeunes personnes, en grand nombre, ont dansé sur la place publique, bien avant dans la nuit. Pour un pays si bien converti, ce n'est pas merveilleux. Il n'y a qu'une chose à dire des habitants de Corps, c'est que leurs intérêts matériels ne perdent pas à la nouvelle croyance ; ce petit bourg, auparavant si pauvre, si délaissé, s'embellit tous les jours et a pris beaucoup de vie.

Mais les gens de Corps sont-ils, à l'exclusion des autres, le peuple de la sainte Vierge ? La France et toutes les nations catholiques ne sont-elles pas aussi son peuple ? Or, en 1847, a-t-on vu qu'en France la religion fût mieux observée qu'elle ne l'avait été auparavant et qu'elle ne l'a été depuis ? et même des doctrines inconnues à d'autres époques, des doctrines subversives de tout ordre et de toute société ne pénétraient-elles pas dans les esprits ? Elles étaient consignées dans des livres ; on en

donnait des leçons publiques, et l'année suivante on sait qu'elles ont voulu arriver à l'état de réalisation. Pour les autres contrées de l'Europe, elles étaient aussi travaillées par l'esprit du désordre et du mal. Non, malheureusement non, en 1847 on ne s'était pas converti.

Mais dans l'hypothèse que la conversion aurait eu lieu, la prophétie encore aurait été fausse. Si on se convertissait, les pierres, les rochers devaient se changer en blé ; les pommes de terre devaient se trouver ensemencées d'elles-mêmes. La récolte n'a pas été en rapport avec la magnificence de ces expressions. Ainsi donc : ou l'on ne s'est pas converti, et on n'a pas subi les châtiments annoncés ; ou l'on s'est converti, et on n'a pas été favorisé des bénédictions promises. Dans tous les cas, la prédiction est fausse.

Les étranges prophètes que ceux de la Salette ! Comme le blé manque en 1846, ils annoncent qu'en 1847 il n'y en aura point. Et encore ils se trompent. On ne pouvait pas savoir qu'en février 1848, il y aurait une république en France, qu'elle aurait son contre-coup à Rome, à Milan, en Hongrie. Aussi, ils ne disent rien de ces grands événements. Ce qui arrive, ils ne l'ont pas dit ; ce qu'ils ont dit n'arrive pas.

La prophétie dont les bergers étaient dépositaires ne s'est pas accomplie ; donc ce n'est pas la sainte Vierge qui l'a faite ; donc la sainte Vierge n'est pas apparue à la Salette.

DOUTE CINQUIÈME

TIRÉ DES MIRACLES DE LA SALETTE.

On a parlé de beaucoup de guérisons obtenues par l'invocation de Notre-Dame de la Salette, et on en tire un grand argument en faveur de l'apparition. Quelques mots suffiront peut-être pour montrer qu'elles ne sont rien moins que décisives. Dans le diocèse de Grenoble on en compte trois ; on en a cité un plus grand nombre, mais il n'y en a que trois qui soient relatées dans les livres composés par les croyants, et on a eu soin sans doute de faire imprimer celles qu'on regardait comme plus merveilleuses. Marie Gaillard, femme Laurent, de Corps ; Victorine Sauvet, de Lalley ; M. B..., de Grenoble : voilà les personnes de ce diocèse qui auraient été guéries miraculeusement par la Salette. Quant à la femme Laurent, il est incroyable qu'on ait osé parler de sa guérison qui n'a jamais existé. Cette demi-paralytique, dans un relâchement momentané de ses douleurs, et sous le coup d'une exaltation qui double ses forces, fait un effort suprême pour se joindre à une procession qui rentre dans l'église. Mais, de cet acte et d'un autre semblable au rétablissement de la santé, il y a un intervalle immense. Bien des pèlerins, animés d'une grande foi, ont voulu voir la miraculée de Corps ; ils se sont tous retirés humiliés, confus, l'ayant trouvée si perclue, si infirme.

Les croyants désireraient que le miracle de Victorine Sauvet fût oublié, anéanti ; mais ce n'est plus possible, ils en ont fait trop de cas, ils l'ont trop publié. Victorine, qui ne voyait point depuis un mois environ, aurait recouvré la vue à la Salette. Le changement de climat (elle venait de Marseille) et d'autres circonstances heureuses ont pu amener ce résultat. Il faut bien que la guérison puisse s'expliquer naturellement, puisque cinq médecins qui avaient donné leurs soins à la malade ont tous refusé d'attester le miracle. Quand on parle de Victorine Sauvet, on ne peut s'arrêter à ce qui vient d'être dit. Cette fille est trop célèbre pour qu'on se borne là à son sujet. — Victorine est une très grande sainte. Elle a les stigmates. Elle montre avec des précautions convenables la plaie de son côté. Elle a reçu maintes et maintes visites de la sainte Vierge, à sa maison et dehors. Aussi a-t-elle donné de l'herbe sur laquelle la reine du ciel avait marché. Dans une de ces apparitions, la mère de Dieu lui dit qu'elle devait se marier, mais avec tel jeune homme de la commune, honnête garçon et présentant un parti très sortable sous tous les rapports. Le jeune homme acceptait volontiers l'épouse que la sainte Vierge lui donnait, et peut être que le mariage aurait eu lieu en effet, si le père n'eût trouvé que son fils était fou comme Victorine était folle. Lorsqu'on raconte ces choses, on semble vouloir faire des contes à plaisir et s'amuser; pourtant on n'invente rien. Avec les visions sont venues les obsessions. Victorine a soutenu des combats de géants contre le diable en personne. C'est inouï tout ce qu'elle a fait d'héroïque en ce genre. Dans une de ces luttes, elle a arraché un ongle au prince des enfers. Cet ongle est conservé. Ce n'est pas celui d'un homme, ce n'est pas celui d'une bête ; donc c'est celui du diable. La police s'ennuie un jour de ces farces sacriléges et veut y mettre fin. Cependant, avant d'agir, elle consulte l'autorité ecclésiastique ; dans la réponse, il est question de démon *incube* ou *succube*. Cette lettre, qui a été entre les mains des membres du parquet de Grenoble, a causé une stupéfaction sans exemple et enrichi le vocabulaire de bien des personnes de deux mots inconnus. Il était nécessaire peut-être de donner de ce prétendu miracle une idée un peu complète, et alors il fallait dire tout cela, mais c'est assez.

M. B... (la relation ne le désigne que par la lettre initiale de son nom, mais à Grenoble tout le monde le connaît) ; M. B... avait des plaies dans différentes parties du corps. Il se crut guéri à la suite d'une neuvaine en l'honneur de Notre-Dame de la Salette. Il faut remarquer : 1° que la guérison n'a pas été instantanée ; 2° que le malade avait vu d'autres fois ses maux disparaître sans moyens surnaturels ; 3° que les plaies (affirme-t on) sont encore aux jambes, si elles ne sont guère plus à la figure ; 4° que des remèdes énergiques ont été pris concurremment avec l'eau de la Salette ; à qui alors attribuer le succès ? Deux médecins disaient que si cette guérison, qu'ils regardent comme une phase de la maladie, leur avait paru sortir de l'ordre naturel, ils se seraient fait un devoir de rendre hommage à la vérité ; mais ils sont bien loin d'y voir du merveilleux. Du reste on s'est passé de leur attestation.

Telles sont les guérisons dites miraculeuses qui ont eu lieu dans le diocèse privilégié. Si on juge par celles-là de celles qui sont arrivées ailleurs, quel cas faut-il en faire ! Des étrangers venant à Grenoble parlent de ces faits, décorés du nom de miracles, qui se sont produits dans les pays qu'ils habitent ; ils disent qu'ils ne sont pas sérieux et qu'il n'y a pas sujet de s'y arrêter. Mais, ajoutent-ils, vous avez sans doute ici des choses d'une tout autre importance et que les personnes graves ne repoussent pas. On peut toujours leur répondre et on leur répond souvent : Nous raisonnons absolument comme vous, en faisant une application inverse. Nous disons : Il n'y a rien eu dans notre diocèse de significatif et qu'on puisse mettre en avant, mais ce que l'on rapporte de tel endroit doit avoir plus de valeur.

Pour apprécier les miracles de la Salette, on peut examiner celui qui est le plus éclatant, que l'on a placé au-dessus de tous les autres : c'est celui de la sœur Saint-Charles, religieuse hospitalière d'Avignon. Arrivée pour ainsi dire aux portes du tombeau, elle aurait repris tout à coup la santé et la force. On la disait poitrinaire, mais avancée au dernier degré, et c'est le point principal, sur lequel on s'appuyait presque uniquement. Or, il n'est point vrai que la sœur Saint-Charles fût atteinte de maladie de poitrine ; c'est maintenant un fait reconnu et avoué des croyants eux-mêmes. La sœur Saint-Charles est une nerveuse par excellence, et les nerfs font des prodiges. La sœur Saint-Charles en est à sa vingtième guérison miraculeuse. C'est ce que Mgr l'évêque de Gap a raconté dans diverses occasions et qu'il tenait de Mgr l'archevêque d'Avignon. Enfin, la guérison de la sœur Saint-Charles n'a pas les conditions dont on a voulu parler.

Pour juger des miracles de la Salette, il faut voir de quelle autorité ils sont revêtus. Afin d'empêcher la publication de faux miracles, et pour que la piété ne se laissât pas surprendre par la tromperie et la fraude, l'Église a voulu que tout fait présenté comme miraculeux fût reconnu par l'évêque, et même, suivant les cas, qu'il eût encore une approbation plus haute. Or les livres en faveur de la Salette contiennent bien une centaine de guérisons, dites miraculeuses, arrivées sur divers points de la France et même de l'étranger. C'est vraiment trop. Mais aucune, une seule exceptée, n'a la reconnaissance de l'Ordinaire ; elles manquent donc d'une condition essentielle ; elles n'ont pas droit d'être admises ; on peut les repousser.

La guérison qui a été approuvée comme miraculeuse est celle d'Antoinette Bollenat, d'Avalon. Mais si Mgr l'archevêque de Sens a décidé que cette guérison sortait de l'ordre naturel et constituait un miracle de troisième ordre, il n'a pas dit qu'elle prouvait l'apparition de la Salette, et même le grand vicaire qui a fait le rapport, énumère les motifs qui ont pu porter Dieu à accorder cette faveur, et parmi ces motifs il ne met point celui-ci : Établir par là que la sainte Vierge s'est réellement montrée aux bergers de la Salette.

Ici revient une réflexion qui s'est présentée à bien des esprits ; on peut dire qu'elle s'est trouvée à tous les degrés de l'intelligence humaine : c'est que la sainte Vierge, sans être apparue sur la montagne de la Salette, peut bien exaucer une prière qu'on lui adresse sous cette invocation. Sans doute qu'un miracle a la force de prouver ; il est le doigt de Dieu , mais il faut que la liaison entre le miracle et la chose en question soit nécessaire. Cette liaison existait évidemment entre les œuvres de Notre-Seigneur Jésus-Christ et sa doctrine , puisqu'en faveur de l'une il faisait un appel aux autres. Elle existerait pour la Salette si un miracle se faisait pour prouver l'apparition. Mais ce n'est pas ainsi qu'ont lieu ces miracles de la Salette ; on songe à la grâce qu'on veut obtenir, on ne se propose pas d'avoir une preuve de l'apparition.

Quand on invoque Notre-Dame de la Salette, c'est la sainte Vierge qu'on invoque ; il n'y en a pas deux. On réclame les secours de la Mère de Dieu, de la Vierge toute-puissante, toute miséricordieuse ; la Salette n'est qu'un accessoire. Ce n'est donc pas comme Notre-Dame de la Salette que la Vierge accorde , obtient de Dieu la faveur demandée. Si on est digne , sous d'autres rapports, d'être écouté de la sainte Vierge , pourquoi ne le serait-on pas encore , quand même on se tromperait en croyant qu'elle a paru sur la montagne? Surtout si on est de loin, si on ne s'est pas trouvé en position de connaître les choses, est-on coupable d'adopter cette erreur? On obtient donc ce qu'on demande , *quoiqu'on* croie à la Salette , et non *parce qu'on* y croit. La guérison miraculeuse est une récompense de la piété et de la confiance, elle est une preuve de la puissante médiation de Marie et non de son apparition. Avec cette explication , les miracles de la Salette ne touchent pas à la question ; on n'a pas à s'en occuper , fussent-ils très authentiques et de premier ordre. Mais ils sont loin d'être de cette nature ; ils sont au contraire très peu certains , très peu viables ; ils peuvent faire tourner en dérision et en mépris tous les miracles en général. Bientôt on n'osera plus prononcer ce mot. Rien n'éloigne de la Salette comme cet effrayant abus de ce qu'il y a de plus grand , de plus divin.

DOUTE SIXIÈME

TIRÉ DE LA RÉTRACTATION D'ARS.

Quatre ans environ s'étaient écoulés depuis la prétendue apparition. Un partisan de Louis XVII (il y a des gens qui sont persuadés que le fils de Louis XVI est encore vivant , quoique soixante ans aient passé sur sa tombe) ; un partisan de Louis XVII s'était fixé depuis un certain temps à Corps et s'était emparé de toute la confiance de Maximin. Un projet d'évasion est arrêté et s'exécute. L'enfant est mené à Lyon et présenté dans plusieurs maisons ; il parle dans le sens de ses ravisseurs (ils étaient trois) et accrédite leurs fausses idées. Il fait comprendre que le secret que lui a donné la sainte Vierge regarde leur héros et ses grandes destinées. On ne se borne pas là. A Ars , petite paroisse du diocèse de Belley , à une trentaine de kilomètres de Lyon, il y a un très vénérable curé qui jouit d'une réputation extraordinaire de sainteté. Si l'on tirait de sa bouche quelques paroles qui pussent être interprétées en faveur du roi d'outre-tombe, comme on les ferait valoir ! On va donc à Ars : pour raconter vite le principal et laisser les accessoires, voici. Maximin, à la sacristie, demande à se confesser. M. le curé veut qu'il lui dise, avant de commencer, ce qu'il en est de la Salette. Heureuse précaution ! Si M. Vianay ne l'eût prise, il aurait été lié par le secret sacramentel ; ses lèvres auraient été scellées. Or, quelle fut la réponse de l'enfant ? « *Je n'ai pas vu la sainte Vierge ; c'est une invention ; j'ai menti, j'ai persévéré dans mon mensonge ; je ne sais pas si c'est le bon ou le mauvais esprit qui m'a poussé ; je veux obtenir mon pardon, puis me retirer bien loin dans un couvent ; là, si on m'interroge, je répondrai que je n'ai plus rien à dire ; mais il faut laisser croire à la Salette, car ça fait du bien.* »

En face de pareilles révélations, M. le curé ne doit pas être indifférent et laisser passer. Il regarde une réparation comme nécessaire ; le moyen qui lui semble le plus naturel, c'est que Maximin retourne dans son diocèse et dise à l'autorité ecclésiastique toute la vérité. Le jeune garçon n'en juge pas ainsi. La Salette est une fausseté, il le sait mieux que personne, et il vient de l'avouer, mais cette supercherie il faut la cacher, elle mérite d'être respectée, à cause des bons effets qu'elle produit. Cette sorte de lutte se prolonge pendant une demi-heure environ. M. le curé demeure ferme et refuse d'entendre la confession du coupable, s'il ne promet de se rétracter ; celui-ci s'obstine et ne peut se résoudre à faire connaître son imposture. A la fin, on convient d'un parti : M. le curé consultera l'évêque de Belley, pour savoir ce qu'il doit faire dans une circonstance si exceptionnelle, unique, puis il écrira, s'il y a lieu, à l'enfant, pour qu'il vienne commencer sa confession. On a trouvé le papier où étaient tracés, de la main de M. Vianay, les noms : Maximin Giraud. Outre le long entretien à la sacristie, Maximin alla encore parler à M. le curé derrière l'autel ; c'était pour le prier de ne point écrire à Mgr de Belley, voulant que tout ce qu'il avait dit fût couvert du silence et restât dans le néant. Il était hors de lui, ce malheureux enfant ; en effet, il avait manqué son but. Que voulait-il ? Décharger sa conscience et laisser croire à la Salette ; c'est par ces deux mots que M. le curé d'Ars, racontant la chose, résumait tout. Or, c'est justement l'opposé que Maximin obtint ; il ne se réconcilia point avec Dieu, et il compromit, on ne peut plus, la Salette. Il n'était donc point content. Ils ne l'étaient pas davantage, ses *protecteurs*. Sans doute qu'il leur cacha ses secrets et ne leur dit pas tout ce qui s'était passé entre M. le curé et lui, mais il leur raconta au moins qu'il lui avait été conseillé de retourner dans son pays au lieu de s'en éloigner comme il l'avait résolu. Ce n'est pas ce qui leur convenait ; si Maximin prenait ce parti, ils ne pouvaient pas continuer à l'exploiter. Aussi, quand ils furent de retour à Lyon, embarrassés, déconcertés, ils consentirent sans trop de peine à le laisser entre les mains d'un fervent croyant qui le plaça dans

une pension, en le faisant passer pour son neveu et lui donnant son nom.
Cependant, à Grenoble, après mille inquiétudes et bien des jours écoulés
sans qu'on sût ce qu'il était devenu, on apprit enfin où il était. Un dévoué
part pour le chercher et ramène le fugitif que l'on met au Petit-Séminaire. Voilà l'affaire d'Ars.

Ce qu'il y a d'évident, d'abord, c'est qu'il n'y a pas eu de malentendu
entre M. le curé et l'enfant. Un malentendu ! Mais Maximin s'est expliqué
clairement, catégoriquement : « La Salette est inventée, mais il faut y
laisser croire, ça fait du bien. » Comment fallait-il donc qu'il s'exprimât ?
Un malentendu ! Mais les débats qui eurent lieu prouvent qu'on se comprenait à merveille. Sur quoi roulent-ils ? Sur la fausseté de la Salette ?
Non, c'est avoué, on est d'accord là-dessus. C'est seulement sur la conduite à tenir qu'on se partage. Un malentendu ! Mais Maximin s'en serait
vite aperçu, à cause de la conséquence que tirait M. le curé qu'il fallait se
rétracter. Par un mot il y aurait mis fin, et il le laisse subsister ! Un
malentendu ! Mais il faut alors douter de tous les entretiens possibles. Si
lorsque les paroles n'ont rien d'ambigu, on se méprend sur leur sens,
pourquoi ne se tromperait-on pas toujours ? Il est donc impossible de supposer un malentendu.

Il est impossible aussi de supposer un mensonge à Ars; qu'on considère
comme l'enfant était dans toutes les conditions de dire la vérité ! Il est loin
de son pays, il ne compte plus y rentrer ; il pense à s'en éloigner encore
davantage et ne plus revoir les personnes qu'il a trompées. Il est aux pieds
d'un très saint prêtre, qu'il s'imagine peut-être avoir le don de lire dans
les cœurs. Rien ne le force à dire ce qu'il ne veut pas, il est bien libre. Il
ne se propose pas de jouer, pour ainsi dire, un tour à la Salette, il n'a
rien à venger sur elle ; il ne veut pas lui nuire, il veut au contraire qu'on
laisse vivre cette fable ; il le veut tellement, qu'il lui sacrifie sa conscience
et qu'il se résigne, pour la laisser exister, à ne point obtenir son pardon.
Oh ! oui, Maximin a dit la vérité à Ars.

Mais à Corps, à Grenoble, il a été et il est toujours dans une impossibi-
lité morale de se démentir. On admit tout de suite le conte qu'il avait fait :
il ne put plus dès lors revenir sur ce qu'il avait dit. Il s'est si bien trouvé
de son imposture ! Il a tout en abondance ; il est à l'égal des enfants les
plus favorisés de la fortune ; il est même l'objet d'une espèce de culte.
Quelle humiliation de venir avouer à des personnes respectables qu'il s'est
joué de leur droiture et de leur religion ! Comme il serait honni ! De grandes personnes, par une erreur de jugement, sont capables de s'imaginer
rendre en quelque sorte service à Dieu par cette fraude pieuse ; mais surtout, à l'état où les choses en sont venues, elles peuvent croire qu'il vaut
mieux laisser passer le mensonge que de le dévoiler : comment un enfant
ne se ferait-il pas cette illusion, ne tomberait-il pas de lui-même, ou ne
le ferait-on pas tomber dans cette mauvaise appréciation, dans cette
fausse idée ? Dans la position où il se trouve, il faudrait à Maximin beaucoup de raison et beaucoup de vertu pour qu'il rendît hommage à la vérité;

et il n'a guère ni l'une ni l'autre. En un mot, pour qu'il satisfît à sa conscience, il lui faudrait de l'héroïsme, mais la règle est qu'il ne faut pas compter sur l'héroïsme et qu'il ne faut placer personne dans la nécessité de remplir son devoir à un si haut prix.

Tels sont les faits. Tant que Maximin a été tenu pour ainsi dire en charte privée, il ne s'est guère démenti. Un moment il s'est échappé, il s'est rendu libre, et il a porté à la Salette un coup dont il est impossible qu'elle se relève. Il est rentré sous la surveillance et il nie ce qu'il a fait à Ars.

Établir que les choses se sont passées comme on vient de le rapporter, c'est ce qui est extrêmement facile. Les preuves abondent et sont vraiment irréfragables. Si on en veut de testimoniales, elles sont sans nombre. Une infinité de personnes tiennent de la bouche de M. Vianay tout ce qui est ci-dessus. Pour citer seulement quelques personnages principaux, qui voudront bien ne pas trouver mauvais qu'on les mette en avant, on peut nommer le R. P. Lacordaire; M. Dauphin, supérieur de la maison d'éducation d'Oullins, et les MM. Cattet, l'un ancien grand vicaire et maintenant chanoine, l'autre curé de Saint-Paul, à Lyon. Ces noms dispensent d'en citer d'autres.

Une preuve écrite de la rétractation de Maximin, c'est un rapport très circonstancié fait par M. Raymond, qui remplissait à Ars les fonctions de vicaire. M. Raymond (qu'on remarque ceci, car on a fait à son sujet de fausses versions) n'a bien connu le démenti du héros de la Salette que plusieurs semaines après, lorsque M. le curé jugea à propos de tout lui raconter. Il n'a pas adressé pour ainsi dire la parole à l'enfant, par conséquent il ne lui a *arraché* ni aveux *ironiques*, ni autres. Il est en dehors de ces révélations. Mais quand il les eut apprises, il les manda à l'évêque de Belley, puis à l'archevêque de Lyon, enfin à l'évêque de Gap. Pour l'évêque de Grenoble, il fut averti, comme il convenait, le premier, et par ses envoyés. Les informations ne pouvaient lui arriver par un canal meilleur. On a dit que M. le curé avait signé, sans la lire, la relation écrite par son vicaire; il ne l'a pas signée du tout, mais elle a été faite sur son invitation et de sa part, et il l'a toujours confirmée par son langage. Elle est, on le comprend, fort importante et de la plus grande autorité.

Si on veut une lettre de M. le curé lui-même, elle peut être fournie. Les croyants l'ont citée en leur faveur; on verra s'ils l'ont bien interprétée. L'évêché de Grenoble avait écrit à M. Vianay pour lui faire comprendre qu'il n'était pas possible que l'enfant se fût rétracté, qu'il y avait eu nécessairement quelque méprise; il fit la réponse suivante :

« Ars, 5 décembre 1850.

« MONSEIGNEUR,

« J'avais une grande confiance en Notre-Dame de la Salette; j'ai béni
« et distribué une grande quantité de médailles et d'images représentant
« ce fait; j'ai distribué de la pierre sur laquelle la sainte Vierge se serait
« arrêtée; j'en portais continuellement sur moi et j'en ai même fait met-
« tre dans un reliquaire; j'ai parlé très souvent de ce fait à l'église. Je

« crois, Monseigneur, qu'il y a peu de prêtres dans votre diocèse qui aient
« fait autant que moi pour la Salette.

« Il n'est pas nécessaire de répéter à Votre Grandeur ce que j'ai dit à
« ces messieurs (MM. Rousselot et Mélin), le petit m'ayant dit qu'il
« n'avait pas vu la sainte Vierge, j'ai été fatigué un couple de jours.

« Après tout, Monseigneur, la plaie n'est pas si grande, et si ce fait
« est l'œuvre de Dieu, l'homme ne la détruira pas.

« Je suis très heureux, Monseigneur, d'avoir l'occasion de présenter
« à Votre Grandeur, mes très humbles respects, de me recommander à
« ses prières et la prier de me donner sa sainte bénédiction.

« JEAN-MARIE VIANAY, curé d'Ars. »

Il faut remarquer dans cette lettre le premier mots : j'avais, c'est un
passé, et non un présent ; il avait cru, il ne croit plus.

Il fait une longue énumération de ce qu'il a fait pour la Salette. Il lui a
fallu des aveux bien forts pour abandonner une croyance qu'il a tant
favorisée.

Il ne rétracte pas ce qu'il a rapporté aux envoyés de l'évêché ; il le
confirme en disant qu'il n'a pas besoin de le répéter.

Il résume tout par ces mots : L'enfant m'a dit qu'il n'avait pas vu la
sainte Vierge.

Il a été fatigué un couple de jours, parce qu'il lui fallait renoncer à
une chose douce à sa piété. A présent il ne s'en affecte plus, mais il ne
cesse pas d'être persuadé que l'enfant s'est démenti auprès de lui.

Homme humble, il trouve que ce n'est pas un si grand mal de s'être
trompé ; ce n'est pas une plaie mortelle.

Homme modeste, surtout en écrivant à un évêque, il ne décide pas ; il
expose seulement les faits ; et s'il peut avoir un mot de consolation, il le
dit : Si la Salette est l'œuvre de Dieu, Dieu la soutiendra ; c'est une pensée
juste et une phrase qu'on peut toujours faire.

Dans cette lettre, M. le curé a beaucoup de ménagements et de délicatesse ; mais, on le voit, il ne nie pas, il affirme au contraire de nouveau
que l'enfant s'est rétracté. Ses actes et ses paroles expliqueraient au besoin
les quelques lignes qu'il a écrites. Après la visite de Maximin, il a fait
disparaître tout ce qu'il avait d'objets regardant la Salette, il a refusé de
bénir les images de ce genre et a constamment dit que l'enfant avait démenti, d'une manière formelle, l'apparition. Ce que l'on a pu débiter sur
des variations de conduite et de langage est tout à fait controuvé.

La preuve est portée au plus haut point, si elle se trouve dans des
pièces qui émanent des croyants eux-mêmes. Or, on peut citer une lettre
entre autres, tirée d'un petit livre qu'ils ont publié avec approbation
épiscopale ; c'est Maximin qui écrit à M. le curé d'Ars pour le faire
revenir de son erreur. Il rapporte ce qu'il tient de la bouche de M. Rousselot, ou plutôt c'est M. Rousselot qui dirige la plume de l'enfant :
« Monsieur le curé, vous venez de dire à M. le chanoine Rousselot et

« M. le curé de Corps que je vous ai avoué n'avoir rien vu, et avoir
« menti en faisant mon récit connu, et avoir persisté trois ans dans ce
« mensonge en en voyant les bons effets.

« Vous avez ajouté, Monsieur le curé, que, m'ayant demandé l'autori-
« sation de faire part de cet aveu à monseigneur de Belley et mon adresse
« pour m'écrire, s'il y avait lieu, je vous ai donné cette autorisation et
« cette adresse, et puis, qu'un instant après, j'ai retiré l'une et l'autre.

« Ce rapport, qui m'est dicté par M. Rousselot, prouve que je n'ai su
« me faire comprendre de vous, Monsieur le curé, etc. »

C'est donc bien vrai ; d'après le témoignage de M. Rousselot lui-même,
M. le curé assure que l'enfant lui a fait les aveux les plus clairs et les plus
positifs, tels absolument qu'on les a rapportés. Mais l'enfant nie avoir fait
cette rétractation que M. le curé affirme avoir reçue. Alors il faut voir qui
doit être cru : est-ce M. Vianay ? est-ce Maximin ? Il est facile de se décider ; la question ainsi posée est résolue.

Pour finir par une considération qui suppose tout le reste : les croyants
ont nié, puis interprété, toujours obscurci les aveux faits à Ars. Si les
bruits au sujet de cette rétractation sont faux, il y avait et il y a encore
un moyen bien simple de les faire tomber : c'est de mener l'enfant à Ars
et de le confronter avec M. le curé. En présence d'hommes graves, choisis
dans les deux opinions, on dresserait un procès-verbal en bonne et due
forme de ce qu'on aurait vu et entendu. Si M. Vianay ne parlait pas le
langage qu'on dit qu'il a tenu, si on découvrait un malentendu, le démenti
de Maximin serait vite mis à néant, la Salette en retirerait un grand avantage et un brillant éclat ; or, MM. les croyants n'ont jamais voulu d'une
ambassade à Ars ; rien n'a pu les y décider. Alors tout le monde le voit,
tout le monde le dit : ils repoussent une confrontation, parce qu'elle tour-
nerait contre eux ; ils connaissent les paroles de M. le curé ; elles seraient
les mêmes ; il ne faut pas leur donner un caractère solennel, officiel.

Un curé demandait cette députation à Ars ; il s'offrait à payer toutes
les dépenses des envoyés. Il lui fut répondu qu'on ne pouvait et qu'on ne
voulait se *déjuger*. Il jaillit de ces mots trop de lumières, il ne faut pas
les commenter.

Les croyants n'ont jamais voulu tenir compte de l'affaire d'Ars ; il le
faut pourtant, elle est trop divulguée, elle a singulièrement grandi depuis
trois ans ; elle a pris d'énormes proportions. Puis, elle a la plus haute
importance, elle est capitale dans la question : que faut-il de plus que
l'aveu du coupable ? C'est donc une pièce acquise au procès ; une fin de
non recevoir n'est pas possible. Vous vous éloignez d'Ars, on vous y ramène, on vous y rive pour ainsi dire.

Dieu pouvait-il, pour détruire la Salette, choisir un instrument plus
propre à ce but que M. Vianay ? Mgr Devie avait pour lui, non pas sim-
plement de l'estime, mais de la vénération. Mgr Chalandon, héritier des
sentiments de son prédécesseur pour le saint prêtre, a fait plus, il lui a
porté le camail d'honneur. Cet acte a prouvé à tous que les paroles de

M. le curé, au sujet de la Salette, n'étaient pas un titre de défaveur auprès
de monseigneur de Belley. Mais ce qu'il y a de remarquable, c'est l'affluence
de monde qu'il attire; un service d'*omnibus* (voitures publiques) est
établi à Lyon pour lui conduire les personnes qui veulent se réconcilier
avec Dieu par son ministère, avoir ses conseils et ses bénédictions ; et ces
personnes en général sont dévotes et les plus portées par leur piété à
adopter une apparition de la sainte Vierge. Qui donc est mieux que
M. Vianay dans la position de démasquer l'erreur de la Salette ? tout
cela est providentiel. Qui aurait prévu que Maximin irait se démentir à
Ars? Les incroyants n'y sont pour rien ; Dieu s'est chargé de tout, et il
en a assez fait pour éclairer ceux qui veulent l'être.

On pourrait s'arrêter à ce chapitre qui est décisif, mais il faut tout
dire et envisager la question sous toutes ses faces; les doutes qui suivent
ne sont pas non plus peu sérieux.

DOUTE SEPTIÈME

TIRÉ DE QUELQUES APPARITIONS QUI ONT SUIVI LA SALETTE.

L'apparition de la Salette n'a pas été seule. Beaucoup d'autres ont suivi.
On peut en citer notamment trois : deux d'un diocèse voisin, celui de
Valence, et une encore du diocèse de Grenoble. Ces nombreuses apparitions sont embarrassantes pour les croyants à la Salette et fournissent un
argument auquel ils ne peuvent répondre ; elles font soupçonner que c'est
la même main qui a opéré toutes ces merveilles.

A la Sodière, près de Saillans, diocèse de Valence, il y a eu une apparition, dont les protestants, fort nombreux dans ces contrées, se sont
animés, et que les catholiques ont jugé en sens divers. C'est dans un lieu
solitaire, dans la montagne, que la sainte Vierge se serait montrée, encore
à un berger et à une bergère : Elle se serait plainte de ce qu'elle ne pouvait plus *retenir le bras de son fils ;* elle aurait annoncé de *grands châtiments,* elle aurait *marché sur l'herbe sans la faire plier.* C'est exactement
l'apparition de la Salette. Cela se passait dans le mois d'avril 1848.

Espeluche est aussi du diocèse de Valence. Cette paroisse touche le
couvent des Trappistes à Aiguebelle. Le jour de la fête de saint Jean-Bap-
tiste, 24 juin 1848, la sainte Vierge apparut à une bergère. Elle aurait
dit *qu'elle était la dame de la Salette,* qu'elle n'était pas contente, *qu'on ne
s'était pas converti.* (Qu'on remarque ceci : *On ne s'est pas converti.* La
famine devait arriver en 1847, si on ne se convertissait pas ; or, en 1848,
la sainte Vierge dit qu'on ne s'est pas converti, et pourtant le fléau prédit
n'était pas arrivé.)

Ces apparitions se renouvelèrent au même endroit. Plusieurs personnes
successivement en furent témoins. Parmi elles, quelques-unes passent
pour être dignes de foi, et assureraient par serment la vérité de leurs
récits. La sainte Vierge se serait montrée sur les bords d'une fontaine.
Cette eau aurait opéré des guérisons merveilleuses. On se rendait à l'en-

droit de l'apparition pour y prier. Un jour, en particulier, le concours fut considérable. On compta cinq à six mille personnes. On s'attendait à quelque prodige. Il n'y en eut point ; pas plus qu'à la Salette , lors du premier anniversaire.

Dans le mois de juillet 1848, il y eut encore une apparition dans le diocèse de Grenoble, au Périer, canton du Valbonnais. La sainte Vierge y aurait tenu le même langage qu'elle avait tenu partout ; — que son fils était surtout irrité des profanations du dimanche et des blasphèmes ; on vit des lumières. Elle aurait annoncé qu'elle apparaîtrait de nouveau habillée de noir ; on voulait planter des croix pour marquer les lieux qu'elle avait favorisés de sa présence.

On peut demander aux croyants comment ils s'en tirent avec toutes ces apparitions. S'ils veulent les admettre et les placer au rang de la Salette , on se moque d'eux, on leur trouve une foi bien robuste ; on n'en accepte aucune , pas plus celle qui leur est chère que les autres. Mais ils les rejettent et ne veulent pas confondre celle qui a commencé avec celles qui ont suivi. Alors on leur prouve que les apparitions de la Sodière, etc., etc., sont aussi fondées que celle qu'ils adoptent et soutiennent avec tant de zèle. En effet, veulent-ils parler de la véracité de leurs témoins ? On leur en oppose de semblables ; des bergers aussi et des bergères, en faveur d'Espeluche, etc., etc. Et le témoignage de ces derniers est confirmé par celui de plusieurs autres personnes beaucoup plus sûres. — Diraient-ils que Maximin et Mélanie n'ont pas pu se tromper ? Mais les personnes qui prétendent avoir eu la même faveur ne pouvaient pas plus, elles pouvaient même moins se faire illusion, puisqu'elles auraient vu plusieurs fois, et à des jours différents, les merveilles qu'elles racontent, tandis que l'apparition de la Salette n'aurait pas été répétée. — Trouvent-ils que les choses rapportées par leurs deux bergers sont tellement extraordinaires, qu'elles n'ont pu s'opérer que par l'intervention et la puissance de Dieu ? On leur répondra qu'elles le sont tout autant et même plus encore celles qu'attestent les témoins des autres apparitions , car ceux-ci ont vu tout ce qu'avaient vu ceux-là, et non réciproquement. En un mot, tout ce que les défenseurs de la Salette peuvent avancer contre les autres visions, on peut le rétorquer avec avantage contre la leur. Qu'ils ne disent pas que la Sodière, Espeluche , etc., sont des contrefaçons de la Salette ; la contrefaçon serait aussi difficile à faire que la façon ; qu'ils ne disent pas que la Salette a eu plus de réputation , plus d'éclat, les autres n'en ont pas manqué ; elles ont eu le tort de ne venir qu'après la Salette ; la Salette a l'avantage d'être la première ; alors, elle a tout dominé ; mais surtout elles n'ont pas été prônées, soutenues comme la Salette ; si elles l'avaient été et qu'elles fussent arrivées à la même époque, elles auraient eu le même retentissement et le même succès.

Voici la conclusion qu'on veut tirer : Toutes ces apparitions, y compris la Salette , sont fondées sur les mêmes raisons ; alors il faut toutes les rejeter ou toutes les admettre. Les croyants ne veulent ni l'un ni l'autre.

Mais ne pourrait-on pas savoir qui a fait toutes ces apparitions ? Le chapitre suivant va peut-être jeter ici quelque lumière.

DOUTE HUITIÈME

TIRÉ PRINCIPALEMENT DE L'ÉPISODE LAMERLIÈRE.

Les enfants auraient-ils inventé eux-mêmes le conte qui est sorti de leur bouche, ou ne seraient-ils que les instruments d'une personne quelconque qui leur aurait fait plus ou moins illusion ? C'est ce que l'on peut se demander et qui ne fait rien pour la question principale : Ont-ils vu la sainte Vierge ? On pense généralement qu'ils n'ont pu imaginer ce qu'ils ont raconté, que quelque dame s'est en effet montrée à eux et leur a tracé leur rôle. Quand Maximin fit ses aveux à Ars, M. le curé ne lui demanda pas *comment* la chose avait été *fabriquée*. En soi, c'était inutile, il suffisait de savoir que c'était une invention. Peut-être aussi M. le curé n'interrogea pas, parce qu'il comprit que l'enfant lui-même avait tout fait ; mais ce serait là une interprétation particulière. Un jour il dit à quelqu'un, pour conclusion de tout : L'enfant n'a rien vu, ni blanc, ni noir, ni homme, ni femme ; c'était une manière catégorique et très-nette d'exprimer la fausseté de l'apparition. Mais pourquoi Maximin, dans toute hypothèse, qu'il ait été auteur ou écho, n'aurait-il pas employé auprès de M. Vianay, ce mot : *Je n'ai rien vu ?* Prise isolément et dans le sens littéral, cette parole signifie : Je n'ai vu personne, je n'ai rien vu du tout ; mais, d'un autre côté, et relativement à la question, on peut entendre ceci : je n'ai rien vu de surnaturel, rien de ce que j'ai fait accroire. *Je n'ai rien vu* n'est donc opposé à aucun sentiment, il se prête à tout. Ce qui est clair dans ce qu'a dit Maximin, ce qui est hors de doute, c'est qu'il n'a pas vu la sainte Vierge, et que c'est une fable qu'il a débitée. Pour le reste, on peut se partager. On peut faire intervenir ou non une dame, sans aller contre ce qui a été dit à Ars.

Puisque, en dehors de la sainte Vierge, on peut supposer une personne dans l'apparition de la Salette, il faut d'abord nommer deux bohémiennes, Madeleine Lafleur, femme de Désiré Prin, et Marguerite Vebrart, femme de Dionis Larivière, condamnées, le 5 août 1847, à rendre mille francs, sans compter les frais de justice, et à subir huit mois d'emprisonnement, pour s'être fait livrer, en s'attribuant un pouvoir imaginaire, diverses sommes d'argent et effets mobiliers dans les communes d'Aubessagne et des Costes, diocèse de Gap. Ces deux femmes, une surtout (Larivière), auraient pu jouer le rôle de la Salette. On fut d'autant plus porté à croire qu'une des deux en était l'héroïne, qu'elles ne parlaient jamais que de l'apparition, à quelques mois de distance de l'événement, dans des paroisses limitrophes de Corps. Ce qu'il y a de remarquable, c'est que, durant tout leur emprisonnement, il ne fut pas question de visions nouvelles, et que du moment de leur mise en liberté on en fut comme inondé. C'est alors qu'arrivèrent celles de la Sodière, d'Espeluche, etc. De tout cela, on veut conclure, non à une réalité, mais à une possibilité qu'on offre aux croyants. Mais voici peut-être plus qu'une possibilité :

Mlle de Lamerlière, avec ses façons d'agir extraordinaires, avec sa facilité de parole, avec ses airs d'inspirée, présente les qualités voulues pour le rôle qu'on lui attribue. Elle a, assure-t-on, une grande exaltation d'esprit, des écarts d'imagination; on ne peut guère prendre au sérieux ce qu'elle dit et fait. Précisément; il faut bien avoir des idées exagérées et un jugement troublé pour être capable d'un pareil acte. Le simple exposé des faits prouve si on a découvert en elle la vraie dame de la Salette.

A l'ouverture de la chasse, c'est-à-dire dans les premiers jours de septembre, en 1846, un nommé Fortin conduisait Mlle Lamerlière de Saint-Marcellin à Grenoble. Elle avait avec elle un carton qui aurait renfermé le costume de la Salette, selon les conjectures faites dans la suite. Elle ne cessa pendant le trajet de parler d'un proche parent qui est maintenant général et qui avait acquis de la gloire en Afrique. Elle dit qu'elle même allait faire une action immortelle. Un certain temps s'écoula. M. Fortin entendit parler de la Salette. Il se rappela alors la conversation de Mlle Lamerlière, le dessein avoué de faire quelque chose de très remarquable, et il ne douta pas que la Salette ne fût le grand œuvre. Il racontait cela dans la maison Mazet, de Tullins, et il le répéta devant Mlle Lamerlière elle-même qui ne répondit que d'une manière vague, au point que Mme Mazet quitta la médaille de la Salette qu'elle portait. Cette famille veut se tenir en dehors; elle n'avoue pas ce qui se passa chez elle, mais M. Fortin l'affirme. Il rapporte de plus que se trouvant seul avec Mlle Lamerlière, il lui dit : Avouez, mademoiselle que vous êtes la Vierge de la Salette. Elle lui répondit : Il vous est permis de ne pas croire, mais il faut laisser croire les autres ; cela fait du bien à la religion. Depuis cette époque, quand elle l'a rencontré, elle a toujours fait semblant de ne pas le voir ou de ne pas le connaître.

On n'avait pas encore parlé de la Salette. Un marchand de Grenoble voit arriver dans son magasin une dame qu'il ne connaît pas. Elle ouvre un carton où se trouve ce costume dont on a parlé plus tard. Elle a besoin de quelques petits objets qui doivent le compléter.

En 1848, une dame prêchait dans les clubs ; elle parle démocratie et religion. (Elle n'est pas démocrate, mais, disait-elle à quelqu'un qui lui témoignait son étonnement, il faut prendre cette voie si on veut amener les ouvriers à Dieu). Ce marchand reconnaît celle qu'il avait vue un an et demi auparavant et qui lui avait demandé telle chose à acheter. Il apprend son nom : c'est Mlle Lamerlière. Il est digne de foi, le commerçant dont il s'agit, et il a raconté à plusieurs personnes qu'il avait vu le fameux costume, avant qu'il fût question de la Salette.

C'était le 23 ou le 24 septembre 1846, quatre ou cinq jours après l'apparition. Une dame était au pèlerinage du Laus et logeait chez les religieuses. Elle se montre à une domestique telle qu'aurait paru la sainte Vierge à la Salette. Cette fille, étonnée, va avertir quelques personnes de la maison. Pendant ce temps, la dame s'en va et disparaît.

Mlle Lamerlière a dit positivement à une dame, qu'elle avait fait la Salette. Cette dame l'a raconté à plusieurs personnes, toutes, comme elle, méritant la plus grande confiance.

Mlle Lamerlière demandait à quelqu'un de lui faire un écrit qui prouvât qu'elle n'était pas l'héroïne de la Salette. Il n'est peut-être pas bien facile de vous défendre, dit celui à qui elle s'adressait ; vous avez, à ce qu'on rapporte, certain costume qui vous accuse. C'est vrai, répondit-elle, j'ai ce costume ; je l'avais même *avant* le 19 septembre 1846. Si vous voulez je me montrerai à vous avec cet appareil. Celui qui raconte cette parole, comme lui ayant été dite à lui-même, ne l'invente pas ; il l'a citée à plusieurs personnes.

Il faut savoir que, depuis huit ans, Mlle Lamerlière va en tous lieux prêchant la Salette.

Comment Mlle Lamerlière n'a-t-elle pas intenté une action à Donnadieu, qui la charge d'une si énorme supercherie ?

Selon les croyants, les enfants n'ont pas dit qu'ils avaient vu la sainte Vierge, ils ont dit seulement qu'ils avaient vu une dame qui était de telle manière, qui leur avait parlé tel langage et qui avait disparu. (*Disparu ;* Maximin n'ajoute pas, à son retour d'Ars, parlant à Monseigneur, *en s'élevant (Nouveau Sanctuaire,* page 127). On était presque arrivé au point le plus haut ; elle a disparu en suivant le versant opposé à celui où étaient restés les enfants.) L'épisode Lamerlière s'accommode donc très bien avec les paroles qui auraient été constamment celles des deux bergers. Seulement, avec quelques *broderies* de leur part ou de la part de tout autre, un fait tout naturel, tout humain serait devenu surnaturel, divin. Mlle Lamerlière aurait été transformée en la sainte Vierge.

Un avocat disait que les tribunaux civils, pour porter un jugement dans une cause quelconque, n'ont pas besoin de preuves plus fortes que celles qui établissent *l'apparition* de Mlle Lamerlière.

DOUTE NEUVIÈME

TIRÉ DE LA MANIÈRE DONT A ÉTÉ CONDUITE L'AFFAIRE DE LA SALETTE.

Ce chapitre pourrait être long, et même, jusqu'à un certain point, émouvant, dramatique. Mais un historique abrégé, décoloré suffira, et les réflexions découleront sans peine de ce simple narré.

Le 19 septembre 1846, dans l'après midi, aurait eu lieu l'apparition, Le lendemain, qui était un dimanche, le curé de la Salette l'annonça à son prône avec frayeur, avec larmes. L'acte de M. Perrin était opposé à toutes les règles de l'Eglise et du bon sens. La raison, comme les lois canoniques, défendaient cette précipitation, vraiment étrange. Voilà donc une énormité en tête de toute cette affaire.

Après avoir publié la Salette, un dimanche, dans la solennité de la messe, M. Perrin vient en toute hâte en porter la nouvelle à Grenoble, où il était le lundi 21 septembre. Monseigneur croit et accepte le prodige.

Sa Grandeur en ce moment faisait la clôture de la retraite des sœurs de la Providence ; *elle* leur raconte l'apparition. Sa parole si pleine d'autorité ne pouvait tomber sur une terre plus propre à la recevoir et à la propager que ces trois ou quatre cent religieuses-institutrices répandues sur tous les points du diocèse. Les enfants de leurs écoles, les personnes pieuses des paroisses sont bientôt informées du grand événement. La nouvelle prit donc comme un incendie. En moins de huit jours, un diocèse de six cent mille âmes fut pour ainsi dire tout en feu. Et on comprend que les limites en furent bientôt franchies.

M. Perrin ne jouit pas du fruit de son zèle. Dix jours après l'apparition en question, il fut mis dans le plus petit et le dernier des postes, et remplacé à la Salette par un jeune prêtre, du même nom, héritier de sa foi. Il y a un mystère dans ce changement. Peut-être l'administration n'a-t-elle pas regardé M. Perrin comme étant à la hauteur de cette nouvelle mission. Il passait, en effet, pour très incapable. Mais le récit des enfants était donc tenu pour indubitable? Il était donc arrêté qu'ils avaient vu la sainte Vierge.

Pour M. le curé de Corps, l'archiprêtre, on peut dire qu'il a été le principal agent de la Salette. Il est loin d'avoir fait défaut à la cause. Naturellement on lui a écrit pour avoir des renseignements et son avis. Ses réponses ont été celles d'un croyant. Elles étaient de même nature que celles qui sont parties du presbytère de la Salette et du secrétariat de l'évêché de Grenoble. Comme cette propagande devait réussir?

La croyance au fait ou le désir de l'examiner ne tardèrent pas d'amener sur les lieux des personnes des environs et même de loin. Alors commença ce que la malignité a nommé le *commerce d'eau*, lequel a pris tant d'extension. Quand on ne pouvait faire le pèlerinage, on écrivait à M. le curé de Corps pour avoir de l'eau de la fontaine merveilleuse, de cette fontaine sur les bords de laquelle la sainte Vierge avait posé ses pieds. C'est fabuleux ce que M. Mélin en a expédié !

Il faut dire ici un mot des deux petits bergers. Maximin fut aussitôt rappelé à Corps et placé tout de suite dans la maison des religieuses (Ce n'était peut-être pas fort convenable). Mélanie y vint dans le mois de décembre. Ils y resteront pendant quatre ans, jusqu'à ce qu'ils aillent, celle-ci dans une autre communauté, celui-là dans les petits séminaires. Voici à ce sujet deux remarques que tout le monde a faites : d'abord, il était visible qu'en arrachant ces enfants à leurs occupations ordinaires, qu'en les séquestrant, on ne prenait pas le moyen d'avoir la vérité. Il fallait les laisser dans leur position et à leur liberté ; alors on les aurait vus, pour ainsi dire, dans leur nature, et ils auraient plus facilement pu se rétracter, s'ils avaient menti. Ensuite, en les traitant de cette manière, on préjugeait la question ; on montrait qu'on les regardait comme des enfants privilégiés.

Telle fut, pendant les deux ou trois premiers mois, la conduite tenue par rapport à la Salette. En peu de temps, on l'a, pour parler ainsi, très bien lancée ; qu'on continue pendant l'hiver à travailler l'opinion, et ils seront nombreux au printemps les pieux pèlerins. Ce résultat est immanquable, mais naturel ; il s'explique par tout ce qu'on a fait. Dans tous les cas, MM. les croyants n'auront pas droit de dire qu'ils ont bien examiné avant d'agir, qu'ils ont apporté une sage lenteur.

Quels qu'aient été les motifs qui l'avaient déterminé, Mgr l'évêque avait fait une circulaire qui rappelait au clergé les règles de l'Eglise concernant les nouveaux miracles Sans tenir compte de cette défense, au mois de mai 1847, des ecclésiastiques ne craignirent pas de prêcher, à la Salette même, que la sainte Vierge s'était montrée dans ces lieux et y avait parlé le langage qu'on connaissait. Cette conduite était un tort grave et punissable de censure. Ils ne furent pas même réprimandés ; on encourageait donc à croire et à faire croire.

Le 19 juillet de la même année, une ordonnance épiscopale nomma, pour faire une enquête au sujet des faits de la Salette, M. Rousselot et M. Orcel ; celui-ci supérieur du Grand-Séminaire, celui-là professeur de théologie, chanoine en titre, grand vicaire honoraire. A l'esprit de personne ne vient sans doute la pensée de nier la bonne foi et les lumières des commissaires délégués ; cependant, il faut faire attention qu'ils avaient la même opinion, croyant l'un et l'autre à la Salette, et alors pouvaient-ils bien seuls remplir la mission qui leur était confiée? N'aurait-il pas été nécessaire qu'on leur eût adjoint deux autres ecclésiastiques d'un sentiment différent? Ces derniers (qu'on ne suppose pas plus probes et plus éclairés) auraient pu néanmoins découvrir ce qui aurait pu échapper aux premiers, car (les hommes sont ainsi faits) chacun considère les choses à son point de vue et ne s'aperçoit pas dè ce qui lui est opposé. Ainsi, on aurait eu le *pour* et le *contre*, un travail complet, tous les éléments pour asseoir un jugement. A défaut d'une commission mixte, il aurait fallu une contre-enquête. Elle n'a pas eu lieu ; il n'y a pas même eu une enquête proprement dite. Ces messieurs n'ont pas procédé juridiquement. Ils se sont contentés de recueillir des renseignements toujours favorables sur ces guérisons dites miraculeuses obtenues par l'invocation de Notre-Dame de la Salette et l'usage de l'eau de la célèbre fontaine.

Pendant que les deux délégués parcouraient neuf diocèses de France, le premier anniversaire de la Salette se fit remarquer par le concours des pèlerins. On était assez généralement persuadé qu'il y aurait ce jour-là quelque prodige. Les enfants l'avaient laissé entendre, et un orateur, prêchant à la multitude, fit cette exclamation : Sainte Vierge, vous devez apparaître ! si vous n'apparaissez pas, c'est que vous avez déjà apparu.

Le 15 octobre, les délégués présentèrent leur rapport, et une commission nombreuse fut nommée pour l'examiner. Elle était composée des deux vicaires généraux, du supérieur du Grand-Séminaire, des huit chanoines. des cinq curés de la ville. Du 8 novembre jusqu'au 13 décembre, il y eut huit réunions, toutes présidées par Mgr l'évêque.

On aurait pu s'étonner du sentiment que soutinrent neuf membres de l'assemblée. Dans les premiers mois de l'événement, Monseigneur avait consulté les chanoines et les directeurs du Grand-Séminaire. Les uns et les autres firent des considérations fort sages et conclurent qu'il ne fallait pas se prononcer. Depuis cette époque, on avait appris sur le caractère des enfants et leurs dires, bien des choses qui affaiblissaient, qui détruisaient même leur témoignage, sur lequel on avait beaucoup compté. Les premiers prodiges que l'on avait accueillis aussi avec confiance, avaient été prouvés faux ou insignifiants, comme par exemple ce portrait de Notre-Seigneur Jésus-Christ imprimé sur une pierre prise à la Salette ; cette guérison de la paralytique de Corps. Et pour les nouveaux miracles que l'enquête avait révélés, il pouvait se faire qu'ils n'eussent pas plus de valeur que les précédents. Ainsi, les raisons de croire à la Salette n'ont pas augmenté, elles ont diminué. Comment donc comprendre ce revirement d'opinion de la part des membres des anciennes commissions ? Et à qui faut-il s'en rapporter ? Aux chanoines et au supérieur du Grand-Séminaire de 1847 ou à ces mêmes chanoines et supérieur du Grand-Séminaire de 1846 ? Ils se détruisent eux-mêmes. Ils autorisent à ce qu'on ne les compte ni comme contraires, ni comme favorables à la Salette.

Parmi les sept nouveaux membres, quatre sont dans ce que l'on a appelé l'opposition, le premier grand vicaire et trois curés ; ils eurent quelque mérite à exprimer leur opinion.

Sans parler de la majorité de leurs collègues, ils étaient en face d'un vénérable évêque dont ils n'ignoraient pas la croyance, quoiqu'il ne l'eût pas encore manifestée officiellement (certains actes qu'il avait laissé faire ou même approuvés n'étaient point une décision) ; ils déplurent, et depuis cette époque, il y eut à leur égard une sorte d'ostracisme..

Avant les conférences, tout était arrêté ; l'enquête n'avait été que le premier pas dans une voie où l'on devait toujours avancer. Aussi, la commission ne fut-elle pas appelée sérieusement. Elle était là moins pour examiner que pour approuver. Mgr de Grenoble avait écrit à Mgr de la Rochelle pour le féliciter de son livre en faveur de la Salette, et lui disait que cet ouvrage serait comme le prélude du jugement doctrinal qu'il aurait à porter.

Monseigneur était loin de défendre la discussion ; cependant, elle ne fut pas très libre ; la majorité souffrait assez impatiemment les objections. Un membre de la minorité élevait des doutes sur le miracle de la guérison de cette folle de Lalley, dont les extravagances font rougir maintenant ses défenseurs ; les mots d'*impie* et d'*impiété* vinrent assaillir ses observations et le condamner au silence ; et il est à noter qu'aucun témoin ne déposa sous la foi du serment, qu'aucun membre de la commission ne signa les procès-verbaux des conférences.

M. Rousselot, en rendant compte des conférences, ne parle pas de l'opposition, ou il en parle si peu qu'on croirait qu'elle n'a pas existé ; elle serait, pour ainsi dire, morte-née ; l'univers, c'est le mot, l'univers a cru que la Salette avait été l'objet d'un examen approfondi, et que la commission avait été unanime à l'adopter.

Le rapport lu dans les conférences, rapport qui est le premier ouvrage de M. Rousselot, fut publié avec quelques additions sous ce titre : *La Vérité sur l'Événement de la Salette*, etc.; il ne parut qu'au milieu de 1848. Peut-être que la révolution de février de cette année-là fut un motif d'en retarder la publication. Le livre, imprimé à des milliers d'exemplaires, était approuvé par Mgr de Grenoble, envoyé aux évêques de France, recommandé aux journaux religieux. Il ne pouvait manquer de porter la nouvelle de la Salette là où elle n'avait pas encore pénétré. Pendant qu'il se débitait, son auteur travaillait à un second ouvrage qu'il intitula : *Nouveaux documents sur l'Événement de la Salette*, etc. ; il fut livré au public en 1850, portant également l'approbation épiscopale, et fut propagé par les mêmes moyens que le premier, sans obtenir pourtant la même fortune.

On garda le silence devant ces publications de M. Rousselot. On ne connaissait pas assez les faits et on respectait l'autorité qui proposait cette apparition. Mais les membres de la minorité n'avaient-ils pas quelques devoirs à remplir? Au fond, bien des gens se scandalisaient de cette croyance: elle ne reposait sur rien, elle pouvait d'un jour à l'autre être démontrée fausse et avoir pour la religion des suites calamiteuses. Un des opposants écrivit donc les raisons que les membres de la minorité avaient eues de la repousser. Mais, pour des motifs que l'on comprendra mieux plus tard, le travail est resté à l'état de manuscrit; il n'a servi qu'à quelques personnes de la localité. Au dehors, les livres de M. Rousselot ont régné seuls et paru sans conteste ; ils ont dû porter leurs fruits.

Ces ouvrages, faits sous les ordres de Monseigneur, auraient dû rencontrer dans l'épiscopat de nombreuses adhésions. Il était naturel de s'en rapporter à l'évêque du lieu. Dans les *Nouveaux documents*, M. Rousselot cite sept ou huit évêques qui ont écrit des lettres favorables, encore il ne les nomme pas (celui de la Rochelle excepté) , et il ne donne pas en entier leurs paroles. Sept ou huit sur quatre-vingts ! C'est peu. Il faut que les raisons présentées ne leur aient pas paru convaincantes. Ce qui est plus fort, c'est que, nonobstant un livre si bien approuvé, plusieurs évêques, non-seulement ne se soient pas prononcés pour la Salette, mais l'aient plus ou moins positivement rejetée. La grande autorité, c'est le métropolitain pour Grenoble, l'archevêque de Lyon, le cardinal de Bonald. Son Éminence ne croit pas ; Mgr de Valence, autrefois grand vicaire de Mgr Philibert de Bruillard, s'il ne se montre pas aussi bien *contre*, au moins on ne peut dire qu'il soit *pour*. Mgr de Gap a exprimé son incroyance souvent, nettement, de vive voix, par écrit. Le savant archevêque de Chambéry ne croit pas ; le nouvel évêque de Belley, celui d'Annecy, passent pour ne pas croire. Voilà les évêques dont les diocèses entourent celui de Grenoble. Leur opinion a plus de valeur que celle des autres, parce qu'ils peuvent être mieux informés, étant plus près du lieu de l'événement.

Il est un évêque encore dont l'opinion fait autorité, parce que chaque année il vient à Grenoble et y séjourne, parce que M. Rousselot le cite comme très favorable à la Salette. Ce prélat est Mgr Dupanloup, évêque d'Orléans. Il écrivait en 1851 ce jugement sur la Salette :

« Plus je vais, plus j'entends, plus j'examine, et moins l'esprit de Dieu
« m'apparaît en tout cela ; je ne puis être de l'avis de vos ecclésiastiques
« sur toutes ces choses. La foi et la charité se perdent au milieu de ce
« bruit, de cette division, de cette confusion des langues. Quant au livre
« de M. Rousselot et à ses diverses publications, la matière qu'il traite, le
« ton qui y règne, sont un véritable scandale. Soyez sûr qu'il y a en
« cela beaucoup de danger pour la foi et les mœurs. »

Pour se borner à ces noms, de quel poids ils sont dans la balance! Les
membres de la minorité dans les conférences ne savaient pas alors que
les évêques voisins étaient ou seraient contre la Salette. Après le témoignage de leur conscience, leur grand bonheur a dû être dans un tel
appui.

Avec ces dispositions de NN. SS. les évêques, la Salette avait tout à
craindre au concile provincial de Lyon, tenu sur la fin de juin 1850. Elle
pouvait y trouver son tombeau. Malheureusement, elle n'y fut pas exa-
minée. L'évêque de Langres, maintenant d'Arras, Mgr Parisis, était (et
on se croit bien informé) très peu favorable et aurait voulu que le concile
fût saisi de la cause. Le métropolitain n'aurait pas partagé l'avis de son
illustre suffragant. Son Eminence pensait sans doute qu'il fallait garder ce
ménagement envers un vénérable collègue qui avait près de 85 ans, et
que ses infirmités aussi bien que son âge avaient empêché de se rendre au
milieu d'eux. *Elle* espérait aussi que la chose tomberait d'elle-même et sans
bruit, et jugeait qu'elle ne méritait pas l'attention de l'assemblée. Cependant, un journal de Lyon venait de faire un compte-rendu très avantageux
du dernier ouvrage de M. Rousselot. Le cardinal, en réponse, fit insérer
dans la même feuille un petit avis portant que la présence au concile
de l'auteur de ce livre pouvait faire croire qu'on s'occuperait de
la Salette, mais que certainement il n'en serait pas question. Ces quelqu's
lignes qui avaient été écrites de la main même de Mgr de Bonald furent
bien comprises du public, qui y vit peu d'affection pour la croyance tant
prônée et le contre-pied de l'article si élogieux.

C'est quelques mois après la tenue du concile que Maximin se rétractait
à *Ars*. Le curé de la cathédrale de Grenoble fut le premier à connaître ces
aveux accablants de l'enfant. Monseigneur averti dépêche MM. Rousselot
et Mélin. M. Vianay leur confirme ce qu'il a dit à M. Gerin. On argu-
mente. — Alors, dit M. Rousselot, que faut-il penser de ces guérisons
obtenues par l'invocation de Notre-Dame de la Salette? Il n'y a qu'une
sainte Vierge, répond M. Vianay, elle écoute toujours les prières qui sont
de bonne foi.—Mais que faut-il donc que nous fassions, à présent?—Vous
arrêter, ne plus rien dire ; la chose s'éteindra toute seule. Enfin, ajoutait
le curé, je vous rapporte les faits, je n'ai pas à tirer les conséquences.
Ces Messieurs sont fort mécontents ; de retour à Grenoble, ils sont loin
d'être résignés et en repos. Ils font tout ce qu'ils peuvent pour parer le
coup terrible, mais c'est dans l'ombre et le silence qu'ils opèrent. Ils ne
disent mot de ce qui est arrivé ; pendant trois mois on l'ignore.

Au commencement de janvier 1851, la lumière s'est faite, bien malgré eux. On ne parle partout que d'Ars et du démenti de l'enfant. Ils répandent alors leur fable d'un malentendu ; un prêtre de Lyon la soutient, mais de telle façon qu'il fournit des preuves contre sa thèse. M. Rousselot prend aussi la plume ; il aurait pu dire : Je suis allé à Ars, voici les paroles du curé, voyez s'il y a eu méprise de sa part. Ce n'est point là sa manière de procéder ; il n'avoue rien. Son livre est comme un voile épais jeté sur la vérité. Enfin, M. Chambon, chanoine, entre à son tour dans la lice, au nom de ses collègues ; il n'est pas heureux dans sa polémique avec un journal de la localité. La cause est vraiment mauvaise.

Pourrait-on se permettre une réflexion contre des hommes respectables et haut placés ? En persévérant dans leur opinion après l'événement d'Ars, n'ont-ils pas manqué à ce qu'ils se devaient à eux-mêmes et à ce qu'ils doivent aux autres ? Pourquoi alors n'ont-ils pas, sans rien dire, abandonné leur chimère ? Pourquoi même n'auraient-ils pas déclaré formellement qu'ils avaient été trompés ? Ils n'auraient rien perdu de l'estime publique ; ils auraient grandi, au contraire, et ce bel exemple on était en droit de l'attendre de personnes de ce caractère et dans cette position. Les prêtres du diocèse auraient bien reconnu là leurs maîtres et leurs modèles. Mais ils ont mieux aimé s'aveugler et s'enfoncer toujours davantage dans une fausse voie. Spectacle d'étonnement et de tristesse pour tous ceux qui savent que le démenti de Maximin est très vrai et qu'ils le connaissent !

Quoi qu'il en soit, puisque les croyants n'ont pas reculé devant l'obstacle d'Ars, il est évident qu'ils iront jusqu'au bout. Si, jusqu'à présent, on a pu se faire illusion sur leurs dispositions et croire qu'ils s'arrêteraient, cette espérance, désormais, n'est plus possible. On verra des actes bien forts, énormes ; ils seront la conséquence de celui-là. Après ce grand pas on marche toujours. Les bruits d'Ars n'étaient pas finis (ils ne pourront finir qu'avec la Salette elle-même), et Mgr de Bonald (mars 1851) écrit une lettre; jette, pour parler ainsi, la terreur dans le camp des croyants. Le cardinal parle, non pas en qualité de métropolitain, ainsi qu'il l'a fait plusieurs fois, mais comme délégué du Saint-Siége. Son Eminence demande qu'on lui envoie le secret des enfants. Ceux-ci ont toujours déclaré qu'ils ne le diraient à personne, pas même au Pape. On les raisonne, et enfin ils se laissent persuader, ils s'exécuteront. Mais Mélanie n'accepte point l'intermédiaire de l'archevêque ; à Lyon, dit-elle, *on ne croit pas beaucoup à la Salette, et je ne veux pas qu'on décachette ma lettre.* M. Rousselot, qui rapporte cette sotte et impertinente réponse, n'a pas un mot pour la blâmer.

Le temps se passe en correspondances rares et sans résultat. Déjà trois mois se sont écoulés, et le cardinal n'a pas reçu la dépêche mystérieuse. Son Eminence annonce qu'elle viendra à Grenoble et fixe le jour. On est bien obligé alors de prendre un parti. Les enfants sont mandés et écrivent leur secret. Les papiers qui le renferment sont pliés, cachetés, et mis, avec une lettre de Monseigneur , sous une enveloppe commune. Le paquet est scellé du sceau de l'évêché. Monseigneur , dit-on , en ignore le contenu. (Pourtant , bien plus tard , trois ans après , à propos d'une prophétie de Maximin, Sa Grandeur dit : Mais elle n'est pas dans le *brouillon* que j'ai de son secret.) Le 6 juillet, M. Rousselot et M. Gerin partent sans qu'on sache où ils vont Le 12, le cardinal arrive , comme on s'y attendait. Le clergé de la ville est averti de l'heure à laquelle il aura à faire sa visite. La lettre au premier vicaire de la cathédrale dit que , si Son Eminence demandait où était M. le curé, il fallait répondre qu'il était allé prendre quelques jours de vacances. On voulait que l'archevêque ignorât où MM. Rousselot et Gerin avaient porté leurs pas. Mais on comprit bientôt qu'il n'était pas possible de le cacher. Monseigneur avoue donc qu'ils sont partis pour Rome et y ont porté le secret. Incroyable mystification ! Le cardinal n'a plus rien à faire. Son Eminence fait venir néanmoins les enfants , et dit ensuite : Je ne croyais pas à la Salette avant de les avoir vus, j'y crois encore moins à présent, si c'est possible.

Telle fut la conduite envers Monseigneur de Lyon ; partout elle aurait paru inqualifiable. Dans une ville comme Grenoble , remarquable par l'urbanité de ses habitants et la délicatesse de leurs procédés , comment l'auront jugée ceux qui ont pu la connaître ?

On a manqué à un archevêque , à un cardinal , à un représentant du Souverain-Pontife, par suite au Souverain-Pontife lui-même.

On a montré peu de confiance en la cause. Si les enfants avaient réellement un secret , s'il venait du ciel , que craignait-on de le livrer au cardinal ?

M. Gerin revint à la fin de juillet, M. Rousselot à la fin d'août. Qu'apportèrent-ils ? Rien d'écrit , et les choses écrites ont seules un caractère officiel. Le Saint Père , ont-ils raconté , leur avait paru impressionné en lisant le secret. (Quand même il serait de fabrication humaine, ce secret doit être recevable ; ils n'ont pas pu porter à Rome quelque chose de méprisable, d'absurde.) On leur a dit que l'Ordinaire avait le pouvoir de se prononcer dans la question. (Sans doute , en suivant les lois canoniques.) On leur a dit encore qu'ils pouvaient faire bâtir à la Salette une église large, spacieuse. (Oui , mais il ne faudra pas qu'elle atteste comme certain un fait qui ne l'est pas) Ils ont vu quelques personnages croyants ou sympathiques à la Salette. (Si ces personnages étaient informés de tout, croiraient-ils?) Voilà à peu près ce que les deux envoyés ont apporté ; c'est-à-dire qu'ils n'ont rien obtenu. Est-ce que le cardinal de Lyon aurait écrit à Rome et leur aurait ménagé *ces grands succès ?* Ils seront dédommagés ; on les verra dans quelque temps faire des démarches plus heureuses.

Le voyage de Rome n'a pas été fructueux ; n'importe , il suffira pour qu'on ose faire un mandement. Mais auparavant, il serait bien désirable d'avoir l'assentiment du clergé. Une occasion s'offre : La retraite ecclésiastique commence le 24 septembre 1851 ; on en profite pour présenter à la signature des retraitants une pétition par laquelle on prie Monseigneur de se prononcer en faveur de la Salette et de faire un appel à la pieuse générosité des fidèles pour la construction d'une église sur les lieux mêmes de l'apparition. Si on réussit, on se met à couvert ; Monseigneur a l'air de céder au vœu de ses prêtres.

C'est pour passer quelques jours dans le recueillement et l'union que les pasteurs des paroisses sont appelés dans la maison qui les a vus autrefois se préparer au sacerdoce ; et voici qu'on vient jeter au milieu d'eux un sujet de dissipation, de trouble et de discorde. C'est un scandale, et il est donné par ceux qui devraient l'empêcher. Mais les intérêts de la Salette justifient tout, l'emportent sur tout.

On fait tous les efforts possibles pour que la pétition se couvre de signatures. On la colporte encore, après la retraite, dans diverses paroisses, où l'on espère recueillir de nouveaux noms. C'est l'autorité elle-même qui engage, sollicite ; comment n'obtiendrait-elle pas ? Il ne faut pas parler de la peur, des calculs ; la confiance seule doit faire adhérer. 240 ecclésiastiques ont signé, mais il faut savoir que, dans le diocèse de Grenoble, un des plus considérables de France, on compte plus de 800 prêtres. 240 sur 800, c'est peu. Est-ce là un triomphe, ou une défaite ?

Mais, voici un fait plus significatif. Voyant cette ardeur qui leur paraissait désordonnée et malheureuse, quelques archiprêtres eurent la pensée d'adresser à Monseigneur de respectueuses observations, et de prier Sa Grandeur de surseoir à tout jugement. Ils ne font part de leur projet qu'aux autres curés de canton. (Les succursalistes seraient trop exposés.) Ils auraient bien dû n'admettre aucune exception. M. G....., supérieur du Petit-Séminaire de Grenoble, voulut se joindre à eux. Un peu plus tard, il fut destitué et envoyé dans une très modeste paroisse de campagne, malgré ses nombreuses années d'enseignement et son immense érudition. Il a été, pour le dire par anticipation, une des victimes de la Salette.

Ce n'est que le dernier jour de la retraite qu'on songea à cette manifestation. Aussi, quelques archiprêtres ne furent pas avertis ; deux ou trois, dont l'opinion opposée à la Salette était bien connue, étaient déjà partis ou on ne put les rencontrer. Mais quel fut le résultat ? Qu'on en juge : Il y a en tout dans le diocèse quarante-cinq archiprêtres. Aux retraites ecclésiastiques, il n'en vient pas ordinairement la moitié. Qu'on en suppose, si on veut, vingt-cinq présents. Or, leur pétition reçut dix-sept signatures ; dix-sept sur vingt-cinq, c'est considérable. Voilà comment se sont annoncés les hommes indépendants par leur position. Ce fait ne prouverait-il pas que, si l'on était libre, on verrait peu de partisans de la Salette ?

M. Rousselot et M. Gerin avaient fait distribuer aux retraitants une notice sur un voyage de Rome. Une réponse signée J. Robert fut faite à cet écrit. Un court récit du démenti de Maximin à Ars vint le fortifier. Cette dernière pièce fut attribuée à M. Cartellier, curé de Saint-Joseph de Grenoble. Elle fut faite, comme la première, dans le but de paralyser un peu toutes ces tentatives pour égarer l'opinion des prêtres assemblés au Séminaire. Ni l'une ni l'autre ne devaient en franchir l'enceinte.

Mais voici que leurs auteurs, à propos d'un débat qui venait de passer de la presse parisienne dans la presse grenobloise, et auquel ils étaient étrangers, furent l'objet d'attaques aussi injustes qu'outrageantes de la part d'un journal qui se fit l'organe des croyants. Pensant que son récit d'Ars se justifierait par lui-même, le curé de Saint-Joseph le livre à un journal de la localité. Cette publication déplut au plus haut degré à l'administration diocésaine. Vite, M. le chanoine Chambon fait paraître une lettre qu'il termine par ces mots : « Si j'avais l'honneur d'être dans les conseils de Mgr l'évêque, j'engagerais Sa Grandeur à interdire toute discussion sur la Salette. » Le lendemain, 10 octobre 1851, une circulaire défend à ce sujet tout écrit qui n'aurait pas l'autorisation épiscopale. M. Cartellier, pour qu'il ne soit pas tenté de récidiver, reçoit un avertissement spécial. Jamais, apparemment, Monseigneur n'avait trouvé dans son clergé un manquement si grave, car il n'a jamais envoyé à personne une lettre si sévère. Aux conférences, le curé de Saint-Joseph avait déjà mécontenté ; mais, à dater de ce moment, on ne le supporte plus. Il serait brisé s'il n'était inamovible et n'avait en tout la plus grande modération. C'est lui qui a composé des manuscrits contre la Salette, il ne les publie pas. Grâce à cette ligne de conduite et aux avantages de sa position, il reste debout, mais il essuie mille tracasseries, mille outrages. Cette manière de traiter les personnes montre si la défense portée devait être prise au sérieux. Les censures qui viendront s'y joindre le feront voir toujours davantage. Mais qu'on remarque ceci : Cinq ans s'étaient déjà écoulés depuis l'événement de la Salette ; ses partisans avaient inondé le monde de leurs livres, et ils publieront encore tous ceux qu'ils voudront. Mais les guerroyants, qu'ont-ils fait ? Rien. Et lorsque, au bout d'un temps si long, un d'entre eux, y étant moralement forcé, fait imprimer un récit de quelques lignes, voici qu'il met tout en émoi ! On se hâte de lui fermer la bouche, comme à quiconque serait tenté de l'imiter. On a donc une grande frayeur d'Ars ! On craint donc bien la lumière ! La Salette ne peut donc subsister qu'à condition qu'on se taira ? Ces précautions sont prises ; on est en sûreté. Il n'est pas permis de touche à l'arche sainte. Le mandement peut paraître.

Il paraît, en effet, ce mandement. Il est envoyé à tous les évêques de France, à d'autres évêques encore, à une infinité de personnes. Monseigneur *juge* que l'apparition a tous les *caractères de la vérité*, et qu'on est fondé à la croire *indubitable et certaine*. Sa Grandeur défend, non-seulement aux prêtres, mais aux *fidèles* de son diocèse, de s'élever publiquement contre la Salette, de vive voix ou par écrit. Un appel de fonds est fait au diocèse, à la France, à l'étranger, pour la construction d'une église qui soit un monument de la miséricordieuse bonté de Marie. Bien plus que les livres de M. Rousselot, ce mandement doit avoir un grand retentissement et obtenir de nombreuses adhésions. Le fait étant présenté d'une manière en apparence si authentique, doit être accepté partout. Ce n'est pas ce qui a lieu, peu d'évêques donnent leur assentiment.

Mais des croyants citent en leur faveur une autorité bien grande, celle de feu le cardinal Lambruschini. Le mandement, avant de paraître, aurait été communiqué à Son Eminence, qui l'aurait approuvé. Quelle est la signification de cette approbation? Que le mandement ne renferme rien de contraire à la foi ou aux mœurs, que les lois canoniques ne sont pas violées, que l'*Ordinaire* peut se prononcer, les choses étant comme elles sont exposées. Mais c'est là toute la question : Les *considérants* sont-ils vrais ? Ils sont parfaitement examinés dans un ouvrage qui a paru plus d'un an après, et dont il faudra dire un mot. On y voit s'ils sont fondés. Donc, l'autorisation de l'illustre cardinal n'a pas la portée que les croyants voudraient lui donner.

C'est le 16 novembre 1851 que le mandement, en date du 19 septembre, est lu dans dans six cents églises ou chapelles du diocèse. Il est inutile de relever les petites industries employées pour que rien ne vînt empêcher ou contrarier cette publication.— Des archiprêtres *mal pensants* n'ont pas à faire passer le mandement aux succursalistes de leur canton ; ceux-ci le reçoivent directement. Mais, ce qui est grave, ce sont certains accidents ou persécutions qui on suivi. On peut mettre en tête ce qui concerne M. K..., curé-archiprêtre de T...... C'est lui qui a couru les dangers les plus sérieux et a failli être la plus malheureuse victime. Avant de sceller ses lèvres sur la Salette, il croit devoir exposer à ses paroissiens les raisons pour lesquelles il n'a pas cru à cette apparition. Il le fait en termes convenables et très respectueux envers l'autorité. Après quelques jours, il est interdit pour la prédication. Pendant six mois, on n'entendra pas cette parole si pleine de puissance et de charmes. Bien plus, un de ses vicaires reçoit l'ordre de monter en chaire et d'y lire un avis portant que M. le curé est sorti de son devoir en parlant comme il l'a fait, que son sentiment ne doit pas servir de règle, que l'évêque seul doit être écouté. Le vicaire remplit son mandat, peut-être avec un peu d'exagération et de maladresse. Devant un auditoire consterné, il exécute son curé, au moment où celui-ci dit la messe paroissiale. Le jeune prêtre devient impossible dans la commune par ce fait, et force est bien à l'administration de le changer. La Salette, dans ce qui s'est passé, n'a pas gagné des partisans.

M. K... fut un des candidats pour la députation à la Constituante ; fait homme politique, il avait nécessairement soulevé des passions contre lui. Déjà auparavant, il avait eu des difficultés à propos d'un bureau de charité. Il a donc quelques ennemis, peu nombreux, mais puissants. Survient le 2 décembre. Le moment d'agir contre lui paraît favorable. Il est dénoncé à toutes les autorités ; les lois sont suspendues, le pouvoir est absolu, discrétionnaire, une méprise est possible. En effet, il est résolu que M. K..... sera arrêté, jugé militairement, décrété pour Cayenne. La censure dont il est frappé le met à découvert et forme contre lui un fâcheux précédent ; il peut bien être un tribun du peuple, celui qui s'est révolté contre l'autorité religieuse. Dans la réalité, Monseigneur désire que son titre lui soit enlevé et a écrit à ce sujet une lettre accusatrice. N'étant point défendu, étant au contraire réprouvé par son évêque, il court un péril extrême. Il serait sans doute aussi injuste qu'odieux de supposer que Monseigneur ait voulu que le curé, qu'il a peut-être le plus aimé, fût condamné à la déportation. Apprenant ce qui avait failli arriver, le vénérable vieillard écrivait : Pour empêcher un pareil malheur, je serais allé avec mes quatre-vingt-six ans me jeter aux pieds de ses juges et réclamer qu'il me fût rendu. Tels étaient bien les sentiments de son cœur. Il n'en est pas moins vrai que la Salette a exposé grandement le plus digne ecclésiastique, qui a dû son salut à l'intervention d'un ancien général d'artillerie, et d'un prêtre, ami du général, et non à la protection de son défenseur naturel.

Au curé, il faut joindre l'un de ses vicaires. M. M... a partagé les pensées de M. K.... Il s'est montré dévoué à sa personne; il faut donc qu'il soit disgracié. Prêtre depuis plus de douze ans, il est forcé d'accepter un vicariat inférieur, à tous égards, à celui qu'il occupe. Quand il obtient d'en sortir, c'est pour être envoyé dans une chapelle vicariale de 450 âmes.

M. R.., vicaire de Saint-An... de Grenoble, plein de piété, très capable, ayant déjà une douzaine d'années de ministère, bien posé dans toute la ville, est accusé d'avoir lu le mandement d'une manière inintelligible et qui décelait un manque de respect pour la décision doctrinale. C'en est assez pour qu'il soit nommé à une très mauvaise paroisse de montagne. Une autre lui est offerte, qu'il a également des raisons de refuser. Pendant dix mois, il reste sur le pavé ; il est même un moment interdit. A la fin, de hautes recommandations, en dehors, pour ne pas dire contre le gré de l'administration diocésaine, lui obtiennent une aumônerie dans la marine. Il est sur le vaisseau le *Napoléon*.

Le fait suivant ne peut pas être omis. M. D.... a quitté sa cure en 1848. Il rédige à Grenoble un journal fondé par M. Rousselot. Il faut dire que M. Rousselot est le vieil ami de M. D.., et qu'il a toujours eu en lui une confiance illimitée. Quand parurent les ouvrages en faveur de la Salette, le journal aurait dû avoir quelques comptes-rendus élogieux, au moins une petite réclame. Mais le rédacteur n'a pas pu croire à la Salette et ne sait pas employer sa plume contre sa conscience. Bien plus, depuis la retraite ecclésiastique de septembre dernier, le bruit s'est répandu qu'il allait faire un livre pour montrer la fausseté de l'apparition donnée comme si indubitable. On redoute son talent. Que faire pour parer le coup ? On tuerait l'œuvre, si on pouvait tuer l'auteur moralement.

D'autre part, M. le préfet est mécontent du journaliste qui soutient pour le corps législatif une autre candidature que la sienne. Des mesures sévères contre M. D.... viendraient bien en aide.

M. D... est interdit. Connaissance est donnée à la préfecture de la censure portée. M. D.... était à Paris dans le moment qu'on le frappait. On espérait qu'il prendrait le parti de ne pas revenir, pour n'être pas dans son pays humilié, abaissé.

Ces motifs d'interdit ne pouvaient être avoués. Il fallait un prétexte.

On trouve que la position intérieure de M. D.... n'est pas régulière ; on saisit donc ce côté-là. Mais cette position n'est pas mauvaise par elle-même. On peut vouloir la changer, y voir des inconvénients ; mais alors on avertit, on met en demeure, on n'inflige pas les dernières peines sans mot dire. Mais ce qui est bien plus fort, cette position avait été autorisée, réglée par l'administration : raison plus impérieuse encore de donner une monition avant d'agir avec une telle rigueur.

Le coup n'en est pas moins porté, bien porté. Le prêtre n'est plus qu'au rang des laïques ; un homme d'une grande valeur est mis à néant, autant qu'il peut l'être. Pendant dix huit mois il est loin de l'autel. Pour qu'il y remonte, il faut un changement d'évêque, mille choses encore.

Au chapitre des victimes il faudrait joindre celui des favoris de la Salette. Pour ne citer qu'un genre d'exemple, dans l'espace d'un an environ, on a créé une dixaine de chanoines honoraires. Il ne s'agit pas de contester leur mérite personnel, mais la raison qui a déterminé ces choix est évidente. M. Limoisin, missionnaire du diocèse d'Arras ; M. Gobert, vicaire à Calais, qui sont ici entièrement inconnus, à quoi doivent-ils la distinction qui leur a été accordée ? Ils ont été des correspondants utiles, des agents qui ont bien mérité. M. Gobert a envoyé trois ou quatre miracles, et on dit de plus qu'il a traduit le mandement en anglais. Est-ce trop du camail pour récompenser tant de services ?

Tenant d'une main les peines, de l'autre les récompenses, on se croit fort. Paraît donc un second mandement en date du 1er mai 1852. Il est encore plus explicite que le premier ; il annonce la pose de la première pierre de l'église de la Salette pour le 25 du même mois, et la création d'un corps de missionnaires pour desservir le pélerinage ; il ordonne une quête dans toutes les paroisses du diocèse, fait un nouvel appel à la pieuse libéralité des fidèles du monde entier, et remercie des généreuses offrandes déjà envoyées. Les dons reçus ou attendus seraient considérables, vu la magnificence du plan de l'église et des constructions qui doivent y être jointes. On ne peut exécuter de tels travaux sans des dépenses énormes. Puis, il faut aux prêtres de la Salette un logement et une chapelle à Grenoble, où sera leur résidence pendant l'hiver. Tout cela nécessite de grands frais.

La bénédiction de la première pierre de l'église de la Salette a lieu au jour fixé ; elle est faite par Mgr Chatrousse, qui déclare en toute occasion qu'il ne faut interpréter sa conduite ni dans un sens ni dans l'autre, Sa Grandeur veut qu'on voie là un acte de complaisance envers un vénérable collègue, et non une marque de foi en la Salette. Mais voici que Mgr de Bruillard peut se rendre sur la montagne privilégiée et se trouver avec Monseigneur de Valence. La grande cérémonie s'accomplit; les journaux et toutes les trompettes de la renommée la publient. La chaire de la cathédrale, plus que jamais, retentit du nom de la Salette, et on recommande de prier pour des malheureux incroyants. (Depuis longtemps cette charité se pratique et n'a pas même cessé.) On fait circuler tous les bruits possibles en faveur de l'apparition, et des milliers d'images et de médailles la représentent et vont partout. Tout est au mieux.

Il en faut peu pour troubler ce bonheur : deux misérables chansons suffisent. Elles sont un événement tellement grave, qu'elles amènent pour le clergé une circulaire qui frappe leurs auteurs ou ceux qui les auraient fait imprimer, s'ils sont prêtres, de suspense encourue *ipso facto*, et réservée à l'évêque.

L'évêque prendra encore telle mesure qu'il appartiendra contre les auteurs ou fauteurs de ces odieuses productions, dès qu'ils lui seront personnellement connus.

A l'avenir, la suspense sera encourue *ipso facto* (et aussi réservée à l'évêque) par ceux qui propageraient ces chansons.

Même suspense atteindra les auteurs, les conseillers et les propagateurs de tous écrits semblables. (Circulaire du 16 juin 1852.)

Voilà un grand luxe de peines, et c'est sans avertissement préalable que sont frappés les auteurs des chansons et ceux qui les ont fait imprimer, car il était bien défendu de s'élever contre la Salette, mais aucune censure n'était portée contre ceux qui violeraient la défense.

Le spirituel ne suffit pas : L'autorité séculière de Grenoble est priée de faire des recherches et de sévir contre les coupables. La police de Lyon fait aussi une descente dans un presbytère qu'on lui a signalé comme suspect. Ces perquisitions n'aboutissent à aucune découverte.

Les conseillers de Monseigneur, dans l'affaire de la Salette, ont-ils été bien inspirés en recourant à toutes ces rigueurs ? Malheureusement, ils ont l'air de venger leur propre injure. Puis, est-ce convenable qu'un évêque vienne se mesurer avec un chansonnier ? Ne valait-il pas mieux mépriser l'insulte et sembler l'ignorer ? D'autant plus que dans le diocèse et à Grenoble même on ne connaissait pas ces chansons ; elles n'étaient que dans quelques mains. La circulaire a appris leur existence. On veut voir ce qui mérite tant d'anathèmes. Ce qui était caché devient public.

Chansonner la Salette et ses partisans, c'est chose qu'on ne peut justifier mais qui s'explique. Les croyants ont tant fait ! Mais l'action amène la réaction. Ils ont ôté la liberté dans une chose essentiellement libre ; il faut bien que la liberté trouve quelque coin où elle se réfugie, et les Français, quand ils ne sont pas contents et qu'ils ne peuvent se plaindre autrement, chantent. Les croyants n'ont pas voulu d'une discussion honnête ; ils forcent à des moyens ignobles. Ils ont empêché ce qui est licite ; ils font recourir à un mode coupable.

Mais, encore une fois, si on comprend ce qui est arrivé, on ne peut l'approuver, d'autant plus que quelques-uns des couplets en question étaient non-seulement mordants jusqu'à la cruauté, mais aussi grossiers, impies. Et qui n'éprouverait une peine indéfinissable en voyant un vénérable évêque avec ses conseillers tournés en dérision et en mépris ? On conçoit que des prêtres, en grand nombre, aient écrit à Monseigneur collectivement ou individuellement pour lui exprimer leur douleur. M. Rousselot voit là des adhérents à la Salette ; comme si on ne pouvait pas, sans croire à la Salette, dire à un évêque, à un vieillard, la part que l'on prend à l'insulte qui lui est faite.

Au milieu de tout ce que l'on a vu , voici un événement qui repose l'âme fatiguée. Le cardinal de Bonald relève le drapeau de la vérité et des bons principes. Dans une circulaire à son clergé, Son Éminence traite diverses questions qui ont de l'actualité, entre autres celle de la Salette, sous le paragraphe intitulé : miracles, prophéties, images. *Elle* parle d'abord *de ces esprits religieux, du reste , mais impatients, qui, dans les temps de perturbations sociales, voudraient, en quelque sorte , forcer Dieu à intervenir d'une manière visible. Elle* flagelle *la spéculation qui se mêle à tout aujourd'hui, s'empare de faits imaginaires, les exploite dans un intérêt mercantile , aux dépens de la crédulité simple et naïve. Elle* cite ensuite le concile de Trente, session 25. Le texte de ce synode œcuménique s'applique merveilleusement à la Salette, fait douteux, s'il n'est pas évidemment faux, et que l'Ordinaire n'a pas porté au concile provincial. Lorsque les premières prescriptions pour constater les faits miraculeux ont été suivies , *s'il reste quelques doutes sur leur authenticité, le concile provincial doit être saisi de l'examen de ces causes. Mais , dans tous les cas, rien ne doit être résolu sans avoir demandé la décision suprême de la chaire apostolique.*

On a voulu faire croire que Rome avait approuvé la Salette. Le cardinal dit : *Il n'est pas permis de prendre un parti à cet égard* (au sujet des nouveaux miracles) *sur la présomption du consentement du Souverain-Pontife. Il faut que ce consentement soit clairement manifesté et que la sentence de Pierre soit exprimée d'une manière qui ne donne lieu à aucun doute.* Son Éminence cite encore le cinquième concile de Latran , *qui croit aussi devoir défendre de publier et de faire circuler parmi les fidèles de nouvelles prophéties , de nouvelles révélations , avant de les avoir soumises au Saint-Siége.* (*Concilium Lateranense 5, sess. 11*). L'archevêque ne nomme pas la Salette ni Monseigneur de Grenoble. Ce sont des ménagements, c'est une délicatesse , mais personne ne s'y est mépris. Croyants et incroyants ont vu l'application. Du reste, elle est assez claire. *Nous défendons de publier en chaire, sans notre permission, le récit d'un fait miraculeux, quand bien même l'authenticité en serait attestée par un évêque étranger... Dans deux ou trois de nos paroisses , MM. les curés ont cru pouvoir lire en chaire le mandement d'un évêque d'un autre diocèse , au sujet d'un miracle , sans nous avoir consulté ;* c'était là un acte irrégulier. Mgr de Bonald a fait déjà recommandation ; elle est répétée : *Vou_ aurez soin de mettre les fidèles en garde contre ces publications journalières de miracles, de prophéties , d'images , de prières..... qui sont pour la religion un sujet de douleur et de crainte.*

Cette circulaire a produit à Grenoble le plus heureux effet.

Dans les cercles , partout on s'arrachait la *Gazette de Lyon* qui la contenait. C'était le numéro du 13 août 1852 ; elle était en date du 6. Les hommes qui étaient le moins au courant de la question et en général des choses religieuses la comprirent pourtant très bien et disaient : Voilà des règles très sages. Il est impossible de les observer et qu'un faux miracle s'introduise dans l'Eglise. A Grenoble, on ne les a pas suivies ; c'est pour cela que nous avons la Salette.

La circulaire du cardinal leva donc un peu le scandale qui avait été donné. Son bon résultat prouve que tout ce qu'on fera pour la vérité servira la religion.

Mais ceux qui avaient tenu une si inqualifiable conduite envers Son Eminence lors de son voyage à Grenoble, comment agirent-ils, quand parut sa circulaire ? Ils se turent d'abord, mais tout en continuant leur œuvre. Plus tard, ils osèrent combattre un tel adversaire. C'est ce que ne craint point de faire M. Rousselot dans son *Nouveau Sanctuaire*, pages 76 jusqu'à 80 ; pages 81 jusqu'à 95, et encore page 289.

N'est-ce pas une chose étrange qu'à Grenoble on ne puisse soutenir la Salette sans s'élever contre l'archevêque de Lyon ? Les croyants disent que ceux qui n'adoptent pas l'apparition manquent de respect à l'autorité ; mais eux-mêmes ne sont-ils pas rebelles envers l'autorité en ne tenant aucun compte du sentiment du métropolitain ? Ils lui jettent pour ainsi dire à la face leurs explications ou plutôt leurs leçons. Ils veulent lui apprendre quelles sont les limites de ses droits. Singulière situation que la leur ! plus singulière encore leur manière de faire !

La circulaire de l'archevêque ne faisait que de paraître lorsqu'un livre contre la Salette est mis au jour. C'est un ouvrage sérieux, plein de force et de vérité. Il accuse dans son auteur une grande connaissance des faits et un talent d'écrire peu commun. On peut lui reprocher quelques personnalités offensantes ; c'est un tort. Mais, il faut en convenir, l'écueil n'était pas facile à éviter. MM. les croyants ont-ils agi en tout de la manière la plus parfaite ?

Quels sentiments excite donc cet ouvrage pour appeler la lettre suivante ? A l'instant même, pour ainsi dire, 1er septembre 1852, Mgr l'évêque écrit au journal l'*Univers* que ce livre est *une brochure infâme... qui renferme autant de mensonges que de mots*. Monseigneur exprime le vœu que sa lettre soit reproduite par toutes les feuilles religieuses, ce qui a lieu. Le livre tombe sous ce coup. Il est étouffé, enseveli. La voix d'un évêque doit être écoutée des personnes religieuses qui ne savent rien à l'encontre. Les circonstances sont favorables ; la presse, dans l'ignorance de ces détails, ne peut rien dire. Le jugement de Monseigneur, ou plutôt celui de M. Rousselot (un évêque n'écrit pas ainsi) est donc accepté. Le public tient que le livre est un misérable pamphlet, *rempli d'allégations fausses, de suppositions calomnieuses, d'assertions mensongères et d'injures grossières*.

Voilà pour le dehors, voici pour le dedans : La retraite ecclésiastique est ouverte. On croit apercevoir dès le commencement un sombre nuage d'où peut jaillir la foudre. Pourtant on ne sait rien. M. le premier grand vicaire lui-même, incroyant à la Salette, ignore ce qui se prépare. Il est à l'église, à la droite de son évêque, lorsque le prédicateur, au milieu de la stupeur générale, lit une allocution de monseigneur, dans laquelle se trouvent ces mots : *Nous renouvelons contre eux* (l'auteur ou les auteurs du libelle) *les peines portées par notre circulaire du 16 juin , c'est-à-dire la suspense* ipso facto *avec toutes les clauses qui suivent ; et s'ils publient ou contribuent à faire publier encore quelque chose de pareil , nous les frappons d'excommunication...* (L'auteur avait annoncé qu'il publierait un second ouvrage.) On croit qu'il est prêtre , et que le nom que porte son livre , *Donnadieu*, n'est qu'un pseudonyme. L'allocution a un second objet : *Nous ordonnons que, cette année, le 19 septembre soit célébré dans toutes les églises de notre diocèse, sous le rit solennel majeur, avec bénédiction du très-Saint Sacrement matin et soir* (10 septembre 1852). Rome n'avait pas encore autorisé la célébration de cette fête. La permission n'en fut donnée que trois mois plus tard.

On ne veut pas laisser partir les prêtres de la retraite sans les engager à *protester contre tout ce qu'un pamphlet qui vient de paraître contient d'injurieux au premier pasteur du diocèse et à des confrères honorés à juste titre...* Personne n'a lu le pamphlet , mais on s'en rapporte et on signe. Quelques-uns cependant ne veulent pas se laisser prendre, pour ainsi dire, d'assaut. Ils refusent ou se hâtent de s'en aller pour se soustraire aux sollicitations.

La terreur qui régnait déjà depuis longtemps atteignit son paroxysme. Pendant trois mois encore elle fut extrême. Jamais les incroyants ne furent plus exposés et n'eurent plus à souffrir. Un d'entre eux fait un voyage à Paris , mais à d'autres fins que la Salette. Il apprend que, depuis son départ et antérieurement, son évêque a écrit contre lui et demandé sa révocation. Il n'est pas le seul dont on se plaigne et qui mériterait d'être sacrifié. Il n'est pas nécessaire de relever d'autres actes moins graves , mais d'un caractère qu'on ne saurait définir. Ce sont des tracasseries , des outrages auxquels on serait embarrassé de donner un nom. Les choses en étaient là , la position était ainsi tendue lorsque le *Moniteur* annonce la démission de Mgr Philibert de Bruillard et la nomination de Mgr Ginoulhiac, grand vicaire d'Aix , au siége épiscopal de Grenoble, 9 décembre 1852.

Pendant cinq mois que dura la vacance , on ne fit que se demander ce que ferait le nouvel évêque par rapport à la Salette. C'étaient tous les jours des nouvelles contradictoires. Chacun le faisait à son image et ressemblance. Mais, ce qui a marqué cette époque, c'est l'apparition de deux ouvrages sur la brûlante question. M. Rousselot publia le livre qu'il avait tant travaillé : *Un Nouveau Sanctuaire à Marie*, ou *Conclusion de l'affaire de la Salette*. Auprès des personnes de loin , ou qui ne sont pas au courant de ce qui s'est passé, cet ouvrage a pu généralement produire l'effet voulu par son auteur, le ton en est si affirmatif, les choses y sont présentées comme si sûres et si incontestables ! Mais pour ceux qui ont fait une étude spéciale de la question, pour ceux qui auraient seulement lu le présent mémoire, cette œuvre de M. Rousselot n'a aucune force , excepté celle de fatiguer et de faire mal. On y voit un homme occupé à faire des sophismes , à tourner les difficultés , à dissimuler, etc. Rien ne serait plus facile, comme aussi rien de plus long et de plus fastidieux que de réfuter chaque page, chaque ligne de ce livre. En le mettant à l'alambic, on n'en ferait pas distiller la plus petite preuve de la Salette ; mais, en revanche, il fournit mille injures à l'endroit des incroyants : *Valetaille* de l'opposition (mot qu'il crée, on ne le voit nulle part) ; *plus negaret asinus...* et d'autres gentillesses de ce genre. Voilà ce qu'on y trouve. Le pamphlétaire (il ne l'appelle jamais autrement) est bien absous, s'il n'a pas eu assez de ménagements pour les personnes.

Donnadieu tient sa promesse. Il fait paraître la seconde partie de son livre ; elle est plus considérable que la première, plus forte encore. Une discussion sur le Mandement en prend environ les deux tiers. C'est ce qui est fait avec plus de soin, de convenance et de solidité. Cet ouvrage était de nature à faire bien du mal à la Salette ; mais il a eu le sort de celui qui l'avait précédé. A l'arrivée du nouvel évêque, il a été retiré de la circulation.

Il y a ici une remarque importante à faire, c'est que la Salette n'a point eu de combats à soutenir. L'ouvrage en deux volumes, par *Donnadieu*, a été comme s'il n'était pas, puisqu'il n'a pas pu se produire. Du reste, il est venu trop tard ; six ans s'étaient écoulés depuis l'époque de l'apparition en question, et pendant ce temps-là la croyance s'en était établie. Mais pourquoi, dès le principe, ne s'est-on pas élevé contre un fait qu'on regardait comme faux ? On a pensé (et la suite a assez prouvé qu'on avait bien jugé) que les croyants ne souffriraient pas qu'on vînt tant soit peu les toucher. Et puis, n'y a-t-il pas des raisons de ne point s'attaquer à l'autorité ? Enfin, dans les commencements, on ne s'imaginait pas que cette affaire serait conduite si loin et deviendrait ce qu'elle est devenue. Quoi qu'il en soit, la Salette n'a point subi les épreuves qui pouvaient l'atteindre et qui l'auraient peut-être anéantie.

Mgr Marie-Achille Ginoulhiac a fait son entrée dans sa ville épiscopale le 7 mai 1853. Depuis cette époque, depuis plus d'un an, quel a été le sort de la Salette ? Elle n'a pas été abandonnée. Mgr Ginoulhiac est l'élu de Mgr de Bruillard. On lit dans la lettre pastorale de Mgr de Bruillard à son clergé, le 21 décembre 1852 : « A la fin du mois d'octobre 1852, mon offre de démission était agréée, mon successeur, *présenté par moi*, adopté. » Mgr Ginoulhiac dit aussi : « C'est ce successeur *désigné par votre vénérable évêque à la nomination du chef de l'Etat...* qui vient vous faire entendre sa voix. » (Lettre pastorale de Mgr l'évêque de Grenoble, à l'occasion de la prise de possession de son siége.) Il est donc authentiquement annoncé que Mgr de Bruillard a choisi Mgr Ginoulhiac pour son successeur ; puis, Mgr de Bruillard a dit plusieurs fois que son successeur avait promis de soutenir la Salette.

Et pourquoi Mgr Ginoulhiac n'aurait-il pas pensé que son prédécesseur avait bien examiné, bien jugé, que la Salette était un fait consommé et sur lequel il ne pourrait avoir lui-même à revenir ? Avec ces précédents, Mgr Ginoulhiac devait s'entourer des hommes de la Salette, les faire entrer dans ses conseils ; ils sont ses vicaires généraux. La composition de ce ministère, pour parler ainsi, a fait croire à la continuation de la terreur. Par le fait, c'était bien pour la maintenir que dans les commencements on fit circuler, au sujet d'un incroyant connu, certains bruits qui n'avaient aucun fondement. Mais voici un trait qui prouve que le zèle pour la Salette, zèle tel qu'on l'avait vu auparavant, n'était point passé : quelques jours après le 19 septembre, un grand vicaire, grand vicaire honoraire seulement, interdit pendant huit jours de toutes ses fonctions, même *à sacris*, un curé de Grenoble. Pourtant, après l'échange de quelques paroles, la suspense fut levée. Un autre curé de la ville voit le même grand vicaire qui lui demande sa démission et lui dit, sur tous les tons, que la conscience lui fait un devoir de la donner. Quel est le crime de ces deux curés ? De n'avoir pas fait la fête ? non. De ne l'avoir pas annoncée ? non. Leur crime c'est de n'avoir pas *nommé* la Salette. Ils se sont contentés de dire que tel jour on célébrerait une fête en l'honneur de la sainte Vierge. Et il faut remarquer que le mode d'annoncer la fête n'était pas prescrit ; de fait, ces Messieurs avaient cru observer tout ce qui était commandé. On peut ajouter, si l'on veut, qu'ils avaient avec M. le grand vicaire des rapports de confiance ; qu'ils avaient l'honneur d'être ses amis, et que sa mort seule, et non cette conduite de sa part, les a séparés. Monseigneur avait ignoré ce qui s'était passé, et le regretta quand il l'apprit. Mais ce qu'il y a d'étonnant, c'est qu'une telle énormité ait pu se produire. Elle accuse beaucoup de passion, et fait voir que chacun avait raison de craindre et de refouler dans son cœur son incroyance.

L'œuvre de la Salette a été continuée. Les missionnaires de ce nom ont, dans leur église de Grenoble, des offices que l'on pourrait appeler paroissiaux. Dans l'été de 1853, on a poussé avec une grande activité les travaux qui se font sur la montagne. Monseigneur y a béni la première pierre d'une petite chapelle à l'endroit d'où la sainte Vierge se serait élevée et aurait disparu. Monseigneur encore y a installé des religieuses pour servir les personnes qui y viennent en pèlerinage. On dit que l'argent manque cette année ; Sa Grandeur a écrit au journal l'*Univers* pour avertir le public de ne point confier ses offrandes pour la Salette à ceux qui se présentent sans autorisation. N'est-ce point là un appel de fonds, appel fait indirectement ?

Voilà un tableau de la situation actuelle. Pour le compléter, il faut ajouter ce qui suit : Mgr Ginoulhiac a un profond savoir, une érudition très étendue. Dieu lui a départi une bien belle intelligence. Cela est connu de tous et incontestable. Le diocèse peut être fier d'avoir un évêque aussi capable. Mais ce qui vient mieux à la question présente, Monseigneur a une rare sagesse, une prudence consommée. Sa Grandeur cherche donc à faire de la conciliation. *Elle* déclare qu'à ses yeux il n'y a ni croyants ni incroyants, qu'elle est pour tous. Tous en effet sont traités avec une bienveillance, une affabilité qu'il est impossible de porter plus loin. Bien plus, Monseigneur ne heurte aucune opinion en ne laissant pas deviner quelle est la sienne. Personne ne peut dire qu'il la connaît. Ses actes sont, à la vérité, pour la Salette ; mais ils sont toujours accompagnés de quelques circonstances, ils ont toujours certains côtés qui empêchent de les prendre pour des actes de foi. L'administration est aux croyants ; mais l'homme interne à qui appartient-il ? S'il était permis, s'il était convenable de faire des appréciations, on demanderait si cette conduite que l'on comprend pour les commencements, doit être gardée indéfiniment : Avant de connaître, on présume pour l'autorité, pour ce qui est. On maintient le *statu-quo* tant qu'on n'est pas suffisamment éclairé sur la situation. En attendant, on cherche la lumière, on étudie la question. Monseigneur fait cela, et il ne veut pas manquer à ce qu'il doit à la religion et à lui-même. Déjà il a traité comme ils le méritaient les deux indignes enfants de la Salette. Bien jusqu'à présent ; mais cet état peut-il toujours durer ?

Il faut l'union ; mais l'union ne peut se faire que dans la vérité. Qu'elle soit dans un camp ou dans un autre, elle a des droits qui doivent être formellement reconnus, et les hommes qui ont des convictions ne peuvent jamais être satisfaits, tant qu'on ne leur a pas donné un *oui* ou un *non*.

La position est difficile. Monseigneur est à côté de son vénérable prédécesseur, les croyants l'environnent, le fait est accompli. Oui, cette situation est embarrassante, tout le monde le voit. Mais les ménagements humains n'ont-ils aucunes limites ? Ne doivent-ils pas céder aux intérêts religieux ? Mais c'est parce que les difficultés sont grandes, qu'il faut qu'une autorité supérieure intervienne. Monseigneur ne peut que désirer que Rome prononce. Quelle que soit sa décision, elle n'ira pas contre son opinion manifestée, puisqu'il n'en a point manifesté. Il n'aura rien à désavouer, il n'aura pas à faire de pas rétrograde. Mais surtout sa responsabilité sera mise à couvert, et il sera fort contre tous. Ceux qui auront eu tort, que ce soit les croyants ou les incroyants, de quoi se plaindront-ils, lorsque leur évêque ne fera que suivre l'avis du Saint-Siége ? N'est-on pas obligé de se soumettre au chef de l'Eglise ? Si Rome parlait, monseigneur serait donc délivré d'une dure épine, il sortirait de ce labyrinthe qui ne présente point d'issue. Libre de cette triste question, il voguerait à pleines voiles et donnerait tout leur essor à ses riches facultés. Le bien s'opérerait avec la plus grande abondance.

Telle est l'histoire de huit ans bientôt de la Salette ; il fallait la faire, autrement on n'aurait rien compris à ses progrès. Ici la chose n'est rien, mais les hommes sont tout. Il fallait donc parler des hommes. Le caractère de toute la conduite tenue est un caractère de parti pris et d'oppression. On a empêché la contradiction ; on a employé la force. A l'époque où nous sommes, une nouvelle est vite portée dans tous les lieux du monde. Celle en question, présentée par un évêché, devait être aussitôt crue que connue. On ne peut pas dire que la Salette se soit établie contre tous les obstacles humains ; il faut dire qu'elle s'est établie par tous les moyens humains. Qu'on n'y cherche pas le bras de Dieu ; on y trouve un autre bras, comme aussi un autre esprit : l'habileté du siècle.

DOUTE DIXIÈME

TIRÉ DES DANGERS QUE PRÉSENTE LA SALETTE.

Croire que la sainte Vierge est apparue sur la montagne de la Salette , quel mal ? et quand même, en le croyant, on manquerait d'examen et de critique , quel tort aurait-on ? Cette croyance fait du bien à l'âme , satisfait la piété. N'est-ce pas bon et louable d'élever des sanctuaires en l'honneur de Marie dans des lieux où il ne serait pas certain qu'elle se fût montrée , où il serait même sûr qu'elle n'a pas paru ? Ce sont des moyens d'étendre son culte et d'éprouver des effets particuliers de sa protection. Un corps de missionnaires , quels services il rend aux paroisses ! et s'il dessert un pèlerinage , combien de personnes lui doivent de faire une bonne confession , de régler leur conscience , de se réconcilier avec Dieu ! Toutes ces choses sont très vraies et ne peuvent être méconnues que par les ennemis de la religion et du bien. S'il n'y avait rien de plus dans la Salette , on ne pourrait qu'applaudir. Mais tout n'est pas si innocent et si candide. Telle qu'on l'a faite , elle présente plus d'un inconvénient grave. Pour en juger, il faut lui conserver son véritable caractère , comme il a été , comme il est toujours. Il est à propos de s'étendre ici un peu longuement ; les conséquences découlent ensuite d'une manière naturelle et sans réplique.

M. Rousselot a trois ouvrages principaux sur la Salette. Il ne faut pas oublier, parce que c'est essentiel , qu'ils sont revêtus de l'approbation épiscopale , ainsi que ses autres opuscules et les livres de ceux qui ont écrit pour la même cause. Or, dans vingt endroits il soutient que les enfants n'ont pas été trompés, qu'ils n'ont pas voulu tromper, et que , l'eussent-ils voulu, ils ne l'auraient pas pu. C'est ainsi qu'on raisonne pour établir la résurrection de Jésus-Christ et les faits évangéliques. Il dit qu'en attaquant la Salette on ébranle les fondements de toute certitude ; on est à ses yeux rationaliste, voltairien.—Mais il faut voir monseigneur se prononçant directement et par lui-même. Il est l'évêque du lieu ; c'est lui que la question regarde ; à lui au moins appartiennent les premières procédures , et sa décision est définitive lorsque ce n'est pas le cas de recourir à une juridiction plus grande , plus haute. Or, monseigneur a porté un jugement qu'il appelle doctrinal. Il a classé le fait de la Salette parmi les faits miraculeux ; il veut qu'on le respecte et défend de le combattre, de quelque manière que ce soit. Il faut citer.—Le mandement dit plusieurs fois que la sainte Vierge est apparue sur la montagne ; et tout ce qu'il ordonne, c'est comme conséquence de l'apparition. Ainsi , § 1er. « Depuis l'origine « du christianisme, il est arrivé bien rarement qu'un évêque ait eu à « proclamer *la vérité de l'apparition* de l'auguste mère de Dieu. Ce bon- « heur, le ciel nous le réservait sans que nous l'ayons mérité personnelle-

« ment , comme une preuve sensible de sa miséricordieuse bonté envers
« nos bien-aimés paroissiens. Aussi notre Mandement du 19 septembre a-
« t-il été accueilli avec une satisfaction universelle. L'opinion générale
« avait précédé notre décision, et notre *jugement doctrinal* n'a fait que
« lui donner la sanction qui lui manquait pour devenir une certitude
« pleine et entière. » — § 5ᵐᵉ : « Ce n'est pas en vain qu'à la vue des dé-
« sordres qui excitent la colère de son fils, elle (la sainte Vierge) *est*
« *venue en quelque sorte se réfugier dans nos montagnes*, verser des larmes,
« nous avertir des châtiments. » Des paroles descendues de si haut
« devaient avoir un immense retentissement et être entendues de toutes
« les nations, comme le lieu où elle s'est montrée devait, ce semble,
« être assez haut pour être vu de tous les peuples. » — Même § 5ᵐᵉ : « A
« Dieu seul honneur et gloire ! nous n'avons été qu'un faible instrument
« de sa volonté adorable ; pour notre part, nous n'avons qu'à la remercier
« mille fois (l'*auguste Vierge de la Salette*) du choix tout gratuit qu'elle
« a fait de nous pour être le héraut de sa gloire et de la miséricordieuse
« protection dont elle veut bien toujours couvrir notre bien-aimé diocèse,
« notre chère patrie et le monde entier. » — § 7ᵐᵉ : « Rappelez-vous ici l'é-
« poque à laquelle Marie *apparut* sur la montagne de la Salette. Cette
« apparition du 19 septembre 1846 n'a-t-elle pas été comme la préface
« des plus grands événements ? » — même § 7ᵐᵉ : « Qui nous a préservé,
« qui nous préservera encore de plus grands malheurs, si ce n'est celle
« qui *est venue d'en haut sur nos montagnes*. » — § 8ᵐᵉ : « Le pèlerinage de
« la Salette existe donc déjà, *et depuis l'apparition de la bienheureuse*
« *Vierge Marie*, il est en plein exercice. » — Même § 8ᵐᵉ : « Avec quelle
« confiance, quelle foi, des milliers de pèlerins ne sont-ils pas venus
« annuellement courber leurs fronts sur cette terre *bénie*, baiser respec-
« tueusement *les traces de Marie !* quels sacrifices de voyages n'ont-ils pas
« faits pour venir chanter avec le roi-prophète ? *Fundamenta ejus in mon-*
« *tibus sanctis*, elle a établi sa demeure sur une montagne qu'elle a sanc-
« tifiée. Nous la vénérerons dans un lieu où elle *a reposé ses pieds sacrés.*
« *Adorabimus in loco ubi steterunt pedes ejus.* » Les paragraphes qui suivent
indiquent nettement la liaison de la construction de l'église et de l'institution
des missionnaires avec l'apparition. » § 9ᵐᵉ : « Vous l'avez compris,
« N. T. C. F., il s'agit maintenant de la construction d'un sanctuaire en
« l'honneur de notre auguste mère, sur la montagne privilégiée, qu'*elle*
« *a daigné honorer de sa présence, sur laquelle a retenti sa céleste voix.* »
— § 17ⁿᵉ : « Ces prêtres seront appelés les missionnaires de Notre-Dame
« de la Salette, *leur création et leur existence seront, ainsi que le sanctuaire*
« *lui-même, un monument éternel, un souvenir perpétuel de l'apparition*
« *miséricordieuse de Marie.* » (C'est parce qu'ils sont appelés missionnaires
de la Salette qu'ils voient arriver à eux si peu de vocations et qu'on les
demande si peu pour prêcher dans les paroisses.) » — § 25ᵐᵉ : « La sainte
« Vierge a apparu à la Salette pour l'univers entier, qui en peut douter ?
« Mais elle a apparu aussi spécialement pour le diocèse de Grenoble qui

« *devenues possibles que par l'apparition , et pour toujours elles perpétueront*
« *le souvenir de l'apparition.* »

On pourrait ajouter à tout cela ce que dit le supérieur des Missionnaires le jour de la bénédiction de la première pierre, en complimentant les deux évêques, et s'adressant en particulier à monseigneur de Grenoble : « Vous nous avez adoptés pour vos enfants, *vous nous avez chargés de faire passer au peuple les paroles de Marie.* » Et encore : « Votre diocèse , la France , l'univers ne formaient qu'un seul vœu : celui de voir s'élever sur la montagne *un monument qui transmît aux âges futurs la sollicitude maternelle de Marie pour les pécheurs ,* le nom , les vertus de notre saint et vénéré prélat. » Enfin , voici ce qui comprend et résume tout : Dans la première pierre est incrustée une boîte en plomb , renfermant un procès-verbal écrit sur parchemin , et où on lit cette phrase : « Philibertus de Bruil-
« lard, in honorem beatæ Mariæ virginis, quæ in hoc monte, die 19 sep-
« tembris 1846 , duobus pastoribus Maximino atque Melaniæ adhúc
« parvulis , refulgens ut sol sed tristis , apparuit, ipsisque mandavit ut
« populo suo mala , nisi convertatur , proxima annuntient ; bona autem ,
« si ad Deum revertatur. » Voilà donc la Salette bien proclamée comme un miracle très certain et indubitable. Livres bien autorisés qui l'approuvent, mandements qui prononcent en sa faveur, monuments qui la consacrent et l'éternisent, bouches qui seront toujours vivantes pour la publier; tout , en un mot, est venu élever la Salette au rang des faits divins. Mais, pour la présenter ainsi, il importe extrêmement, il est absolument nécessaire qu'elle soit vraie et qu'on ne se trompe pas, car, si elle était fausse, on outragerait le Dieu de vérité, on déshonorerait la religion, on abuserait de la piété des fidèles , on se rendrait coupable d'improbité et de vol , puisqu'on aurait répandu une erreur qui aurait produit des sommes d'argent considérables. Mais la Salette est peut-être fausse (peut-être le mot est doux), donc il est possible qu'elle porte pour ainsi dire dans ses flancs une monstruosité , qu'elle soit un très grand mal , une indignité des plus odieuses à Dieu et aux hommes.

Un faux miracle fait douter des vrais. Il y a des personnes, et en très grand nombre, qui regardent la Salette comme une fable ; si elles ne sont pas affermies dans les bons principes, que peuvent-elles dire et que disent-elles en effet ?

« C'est donc ainsi que se font les miracles ! La Salette, qui ne repose sur rien, qui n'est rien, devient un fait de ce genre ! Mais alors, ceux des temps passés , au fond, que sont-ils ? Si on en reçoit de faux à présent , pourquoi n'en aurait-on pas admis de semblables autrefois ? Est-ce que les hommes qui nous ont précédés étaient moins crédules que nous ? Est-ce que les miracles qu'ils ont adoptés étaient présentés d'une manière en apparence plus authentique que celui qui paraît de nos jours ? Les faits nombreux de l'ordre surnaturel qui seraient arrivés dans tous les âges de l'Eglise ne sont donc pas sûrs. » On pourrait bien ne pas se borner à révoquer en doute cette tradition de dix-huit siècles , et aller remuer encore

« va en retirer deux avantages inappréciables : un nouveau sanctuaire à
« Marie, un corps de missionnaires diocésains. *Ces deux œuvres ne sont*
les fondements de la religion et confondre avec tout le reste les faits de
l'Evangile: impiété, déraison, soit ; mais il ne faut pas prêter des armes à
l'incrédulité et au sophisme, il ne faut pas apporter des obstacles au retour
d'hommes qui ne sont peut-être pas si loin de Dieu qu'on le pense, et dont
quelques-uns ont des vertus qui les rendent dignes de lui appartenir.
Jésus-Christ est mort pour eux ; ils ont des droits au salut. Qu'on ne les
arrête pas dans leurs aspirations et leurs tendances vers le bien. La Salette
les repousse ; elle n'est pas un dogme qu'ils soient obligés de croire, mais
elle nuit au dogme, elle tend à le détruire. Si elle était vraie, il faudrait
la publier, la prêcher sur les toits ; Dieu ne l'aurait pas faite pour qu'elle
restât cachée, mais il en aurait fourni les preuves. Puisqu'elle est douteuse,
fausse, on doit se garder de la proposer. Il n'est pas nécessaire d'avoir
un pèlerinage de plus, et la sainte Vierge ne veut pas que l'erreur serve
à son culte; mais il importe de ne pas introduire une billevesée dans la religion. Les scandales des mœurs sont déplorables ; ils sont tout autrement
calamiteux, ceux de la foi. La foi est comme la prunelle de l'œil : rien de
plus précieux ; combien il faut craindre d'y toucher !

L'évêché de Grenoble a obtenu huit brefs ou rescrits d'indulgences ; ils
ont été accordés du 24 août au 7 septembre 1852. Le principal autel de
l'église de la Salette sera privilégié ; on pourra tous les jours, les grandes
fêtes exceptées, y dire la messe de *Beatâ ;* les personnes qui entendront
quelques prédications d'une mission ou d'une retraite prêchée par les missionnaires, celles qui visiteront le nouveau sanctuaire, celles qui feront
partie de l'archiconfrérie sous le nom de Notre-Dame *Réconciliatrice* ga-
gneront plus ou moins d'indulgences plénières ou partielles ; les missionnaires auront le pouvoir d'indulgentier les croix, médailles et chapelets,
et de donner le scapulaire. Voilà des grâces très précieuses, mais elles ne
sont pas une reconnaissance de l'apparition ; elles en sont indépendantes.
Elles sont réelles, on ne peut pas les attaquer, et il est permis de nier la
Salette. Le Saint-Père a voulu encourager et récompenser la piété des
fidèles ; Sa Sainteté n'a pas eu l'intention de porter une décision en faveur
de la vision des deux bergers. Les indulgences sont attachées à des œuvres
pies, voilà tout.

Le 2 décembre 1852, fut encore accordé un indult qui autorise la célébration d'une fête *par une messe solennelle et par le chant des vêpres, ou le*
19 septembre, jour même de l'apparition, ou le dimanche suivant. Le révé-
rendissime évêque de Grenoble avait humblement supplié Sa Sainteté, l'illustre
pontife Pie IX, de vouloir bien ajouter cette nouvelle faveur aux nombreux
priviléges dont le Saint-Siége apostolique avait bien voulu décorer le sanc-
tuaire de la bienheureuse vierge Marie de la Salette.

En permettant de solenniser le 19 septembre, le Souverain-Pontife n'a
pas voulu non plus se prononcer sur le fait de l'apparition. L'autorisation
accordée suppose qu'on a apporté des motifs vrais. Le sont-ils ? On avait

demandé aussi un *Te Deum*, et il a été refusé, apparemment comme trop
direct.

Mais il y a plus que ce refus d'un *Te Deum*. M. Bouvier, doyen des chanoines de la Cathédrale de Grenoble, devenu grand vicaire honoraire sous
la nouvelle administration, mort à présent, avait composé un office de
Notre-Dame de la Salette. En 1853, il en a demandé à Rome, peut-être
plusieurs fois, l'approbation qu'il espérait insérer dans *l'Ordo* de 1854,
dont la publication fut à ce dessein un peu *différée*. L'autorisation attendue
ne vint pas ; elle n'est pas encore venue. Il est bon de faire ici quelques
réflexions. N'est-ce pas une outrecuidance que la pensée d'un office de la
Salette ? C'est un principe qu'il n'y a d'office que pour ceux dont la sainteté est canoniquement constatée. Mais s'il est défendu l'office d'un saint
qui n'est pas canonisé, comment est-il permis celui d'une apparition qui
n'est pas reconnue ? Et même n'est-il pas plus extraordinaire de faire un
office pour célébrer une apparition que pour honorer un saint ? Or, l'apparition de la Salette n'est pas reconnue. Elle ne l'est pas à présent ; elle
l'était encore moins il y a sept ans. C'est en 1848 que parut l'office en
question qui mérita que Mgr l'évêque de Gap fît une circulaire pour l'interdire dans son diocèse.

Dira-t-on que M. Bouvier n'a pas imposé son office ? Sans doute, il ne
l'a pas imposé ; le pouvait-il ? était-il l'Eglise ? Mais il a bien fait tous
ses efforts pour atteindre ce but. Qu'on lise seulement l'avis dont il le fait
précéder : « Nous exhortons les fidèles à réciter souvent le saint office de
Notre-Dame de la Salette, etc. » Il ne manquait plus que la signature
† Ph. évêque de Grenoble. Il faut le dire, monseigneur l'a refusée et n'a
pas voulu aller si loin. Substituer, le 19 septembre, son office à l'office ca-
nonial ; obtenir qu'il fût ce jour-là obligatoire ou au moins *ad libitum*, tel
était bien le vœu de M. le chanoine. Et ce vœu était une énormité ; il accuse une ardeur immodérée ; il montre si l'affaire de la Salette a été conduite avec sagesse, ou si, au contraire, la passion n'a pas tout fait pour
qu'elle prospérât.

Mais, quant à ce que renferme cet office, il y a aussi bien à reprendre.
Il est à neuf leçons. Au second nocturne se trouve naturellement la lé-
gende de la Salette. Le récit des enfants n'y est pas rapporté tel qu'ils
l'ont donné ; il y est au moins arrangé. La phrase qui le suit est par
trop forte :

*Multa miracula à deo in confirmationem hujus insignis apparitionis pa-
trata, rite approbata et canonice recognita fuerunt, præsertim ex pio usu aqua-
rum quæ ab hinc fluxerunt et non defuerunt.* Où sont-ils ces *nombreux miracles que Dieu a opérés pour confirmer la vérité de cette insigne apparition,
et qui ont été approuvés suivant toutes les règles et canoniquement reconnus ?* C'est le contraire sur tous les points qui est vrai ! Et comment faut-
il aussi juger ces paroles : *les eaux ont coulé à dater de ce moment* (celui
de l'apparition) *et n'ont pas cessé depuis ?* Tous les gens du pays affirment
avoir toujours vu une fontaine en cet endroit ; ils vont même jusqu'à dire

qu'elle ne tarissait jamais. Mais quand même auparavant elle aurait été un peu intermittente, et qu'à présent elle fluerait sans interruption, il n'y aurait encore là rien de merveilleux. Dans ces montagnes, il y a beaucoup de filets d'eau ; il ne s'agit que de les réunir. Or, dès le printemps de 1847 on a fait des travaux à la fameuse source ; les lieux ne sont plus ce qu'ils étaient. Et ce qui est si naturel, on le présente comme miraculeux ! Voilà comme la piété des fidèles est trompée !

Comment s'empêcher encore de remarquer que les leçons du troisième nocturne sont celles de Noël ? Elles appartiennent à Saint-Ambroise parlant des pasteurs qui allèrent adorer Jésus naissant. Maximin Giraud, Mélanie Mathieu et les bergers de Bethléem ! La Salette et Noël ! Ce rapprochement fait mal.

Cette digression sur l'office de M. Bouvier éloigne un peu du sujet présent. Ce qui revient à la question et ce que l'on voulait dire c'est que Rome a refusé d'approuver cet office.

Dans la réalité, Rome n'a donc point décidé. Les personnes instruites dans les matières théologiques, et qui ne veulent pas se faire illusion, le comprennent fort bien. Mais il n'en peut être ainsi de la généralité des fidèles ; comment Rome ne leur semblerait-elle pas approuver la Salette, lorsqu'*elle* l'environne de tant d'indulgences et de faveurs ? Comment ne passerait-*elle* pas pour la reconnaître, lorsqu'*elle* autorise une fête qui l'a pour objet ? Les fêtes ne sont-elles pas des monuments des faits ? En établit-on pour ce que l'on croit ne pas exister ? La Salette est, pour la solennité, à l'égal de la Purification, de l'Annonciation. Elle est célébrée entre la Nativité et le Rosaire ; trois grandes fêtes de la sainte Vierge dans un mois et sous le même rit. La Salette l'emporte sur tous les pèlerinages ; les autres se contentent de choisir une fête de la sainte Vierge, commune et établie dans toute l'Eglise ; pour elle, il faut une fête propre, toute nouvelle. Comment, après cela, ne serait-elle pas rangée parmi les choses, non-seulement les plus indubitables, mais encore les plus sacrées, les plus divines ?

Il a bien vu, l'évêché de Grenoble, le parti qu'il pouvait tirer de ces grâces et priviléges. Le 29 octobre 1852, M. Rousselot, au nom de Monseigneur, manda aux journaux le tableau des rescrits et des brefs reçus. Dans le mois de janvier 1853, il ne manqua pas non plus de leur envoyer copie de l'indult qui autorisait la fête du 19 septembre. Les missionnaires de la Salette et tous les croyants ont publié dans leurs chaires, ont dit en particulier que Rome avait approuvé. Les petits opuscules ont répété la même chose. Mais il faut citer l'ouvrage qui a le plus d'autorité : *Un nouveau sanctuaire, etc.;* M. Rousselot y dit, page 197 : « Ce qui est décisif et péremptoire pour qui connaît les usages de Rome, c'est la concession faite, en moins de quinze jours, par le chef suprême de l'Eglise, des grâces et indulgences demandées par Monseigneur de Grenoble en faveur du sanctuaire, des pèlerins, des missionnaires et de la confrérie de Notre-Dame de la Salette. » Après avoir énuméré les grâces et indulgences, il dit le mot définitif qu'il trace en très gros caractères : « Pour qui connaît et respecte la sagesse et l'usage de Rome, n'est-ce pas le cas de s'écrier : *Roma locuta est*, Rome a parlé. » Lorsque, page 286, il cite tout au long l'indult pour la fête, voici le titre qu'il lui donne et dont il le fait précéder: « Nouvelle pièce *décisive* en faveur du fait de la Salette. » Mais on n'avait encore reçu que deux rescrits au sujet des indulgences, lorsque Monseigneur, dans son allocution qui fut lue aux prêtres de la retraite et ensuite aux fidèles dans les différentes paroisses du diocèse, s'exprima ainsi: « Qui osera dire maintenant que nous ne marchons pas d'accord avec Rome ? Et si nous nous sommes trompé dans ce que nous avons arrêté sur le fait de la Salette, à qui appartient-il de nous redresser, si ce n'est à Rome? Certes, si les droits d'un évêque sont connus quelque part, n'est-ce pas à Rome ? » Le sens de cette phrase est clair. Elle est à l'adresse du cardinal de Bonald, dont la circulaire venait de paraître. Elle signifie donc : Le métropolitain nous blâme, mais Rome nous approuve.

Que de fâcheux résultats pour les esprits ! Quelle situation ! Les prêtres qui ne croient pas à la Salette voient avec peine les conséquences qu'on tire en sa faveur des indulgences obtenues. Du reste, ces indulgences ne leur offrent aucune difficulté ; en faisant les œuvres prescrites, il les gagneraient eux-mêmes, quoiqu'ils rejettent l'apparition. Mais c'est la fête du 19 septembre qui les gêne, les peine et les embarrasse. Elle est permise par le Saint-Père, elle est commandée par l'évêque, et avec une rigueur qu'on ne trouve pas en autre chose. D'autre part, elle répugne souverainement à leur conscience ; ils pensent en la célébrant mentir à eux-mêmes et aux autres, et faire un acte d'hypocrisie. C'est une fête de la sainte Vierge, il est vrai, mais une fête qui, selon eux, consacre un mensonge. Pour les laïques qui ont le bonheur d'avoir la foi, ce qui se passe l'embrouille et l'obscurcit. Savent-ils sur quelles matières l'Eglise est infaillible, comment se portent ses jugements ? Rome admet la Salette, qui est une fausseté, et pourtant Rome ne se trompe pas, voilà les paroles qui sont sur leurs lèvres, et auxquelles leur esprit ne fournit pas de réponse. Quant à ceux dont les yeux sont fermés à la religion, ils sont ici à l'aise. Cet exemple vient à leur aveuglement.

Aiment-ils Rome, ceux qui ne lui ont pas dit la vérité et qui se servent de ses faveurs pour la compromettre ? Ne méritent-ils pas au moins qu'on les désavoue et qu'on les réprouve ?

Ces prophéties, que Maximin avait faites au Petit-Séminaire vers le milieu de l'année 1853, et certaines paroles de Mélanie, doivent être rapportées pour montrer à quels égarements et à quelle folie conduiraient ces prétendus envoyés de Dieu.

Maximin avait parlé très sérieusement, et ses dires avaient fait bruit, tellement que Mgr Ginoulhiac le manda et le semonça fortement. Dès lors, il se tut, mais les choses qu'il avait annoncées étaient connues. Pour les savoir exactement, pour empêcher qu'elles ne fussent niées plus tard, ou changées, on invita un jeune séminariste, qui les tenait de sa bouche, à les

consigner dans une feuille qui serait signée par des témoins, cachetée, et porterait plusieurs sceaux. Elle devait être ouverte lorsque celui qui avait reçu le secret de Maximin et l'avait écrit jugerait que l'époque de quelques événements prédits serait passée. C'était le 20 août 1853 qu'on faisait ces arrangements et qu'on arrêtait ces précautions. Le 16 juin de cette année 1854, le dépositaire du secret et de la lettre qui le renfermait, dit à ceux qui avaient apposé avec lui leurs signatures, que l'expérience était assez longue (elle l'était trop, elle n'était pas nécessaire), qu'on pouvait lire à présent le papier mystérieux. Qu'y trouva-t-on ? A peu près ce que le public avait rapporté, ce qu'on savait ; mais c'est étrange : « Napoléon
« mourra d'une mort tragique ; après sa mort suivra une courte anarchie.
« Enfin, un homme de la famille Napoléon montera sur le trône. Sous
« son règne les prêtres seront persécutés ; le Pape mourra martyr. Après
« cet homme, on verra monter Louis XVII sur le trône de France. Maximin
« Giraud sera aussitôt son premier ministre. Louis XVII vivra peu de
« temps, et, après sa mort, Giraud Maximin lui succèdera. Quand, par les
« soins de Maximin, l'Europe aura été pacifiée, il se fera missionnaire.
« Pendant sa puissance, il vaincra les puissances ennemies par le chapelet.
« L'Angleterre se convertira. Mgr Philibert mourra d'une mort tragique.
« La plupart de ces événements devront avoir eu lieu en 1856. La fin du
« monde sera annoncée par ces événements. L'antechrist paraîtra et don-
« nera la mort à Maximin Giraud. Le Pape qui succèdera à Pie IX sera
« Français. »

Qnand on a lu cela, il est impossible de ne pas se demander, avant tout examen, comment l'univers s'est laissé prendre à la parole d'un enfant comme Maximin. En vérité, peut-on se moquer à ce point du genre humain ? Peut-on faire une pareille insulte à la religion et au bon sens ?

Ce secret ne peut être celui qui a été porté à Rome. On a dit que la pièce présentée au Saint-Père se renfermait dans des généralités, faisait une annonce vague des châtiments que nous méritons. Si on eût donné des particularités et des détails, on se serait compromis, on aurait fourni la preuve évidente de la fausseté de la Salette. Ces deux secrets ne doivent donc pas se ressembler, ou bien l'un n'est que l'explication de l'autre. Maximin lui-même a dit qu'il n'avait pas envoyé au Pape le vrai secret. Ce misérable ne respecte personne ! Il se joue du chef même de l'Eglise ! Du reste, qui peut savoir quand il dit vrai ? Le mensonge est comme son élément : il a à ce sujet des principes commodes. C'est notamment à deux ou trois de ses condisciples et à un surveillant du Petit-Séminaire qu'il a raconté son secret. En juin 1853, il recommanda à celui qui l'a écrit d'affirmer au besoin qu'il ne lui avait rien dit, et ajouta : « Quand même tu apprendras que je l'aurai nié, tu peux être sûr que je t'ai dit la vérité. » Mais, faisait observer le confident, tu mentirais donc, et tu veux que je mente ? Du tout, reprit Maximin, « ce n'est point là mentir, c'est permis. » Avec cette morale (et qui donc la lui a donnée ?) il n'a pas dû avoir beaucoup de peine pour démentir les aveux qu'il avait faits à Ars.

Ce secret de Maximin est composé de lambeaux de prophéties sans authenticité et sans valeur, dont plusieurs personnes, surtout en 1830, se sont tant occupées. Evidemment, c'est là que Maximin a puisé, en se faisant à lui-même une part qui n'est pas mal.

Pour savoir si les prophéties de Maximin sont divines, personne, sans doute, ne veut suspendre son jugement et attendre qu'il monte sur le trône, qu'il ait pacifié l'Europe, et qu'il soit tué par l'antechrist.

Des croyants à la Salette s'attendaient à l'assassinat de l'empereur pour la fin de 1853. Selon eux, ces choses étaient dites secrètement aux affidés, et on prenait les précautions de la prudence humaine et de la foi. Voilà bien les prophéties de Maximin. Est-il permis de semer ainsi l'alarme et de troubler la société? L'autorité civile pourrait bien avoir l'éveil et intervenir pour la sécurité publique. Les croyants seraient fondés à craindre que la police ne finît par se mêler, tout de bon, de leur Salette et de son héros, si elle ne l'avait pas, avec juste raison, en profonde pitié. Déjà, M. le préfet de l'Isère a reçu, du ministère, avis que le colportage des livres composés en faveur du *prétendu miracle de la Salette*, qui n'est pas suffisamment *reconnu* par l'autorité ecclésiastique, était défendu.

Tous ces malheurs, l'assassinat de l'empereur, l'élévation sur le trône d'un membre de sa famille, la persécution de l'Eglise, la mort violente du Saint-Père devaient avoir lieu avant que Louis XVII arrivât au pouvoir et remplît ses grandes destinées. Il n'y a plus rien à craindre, on peut se tranquilliser : Louis XVII est mort. Il se mourait à Villefranche, à quelques lieues de Lyon, dans le mois d'août 1853, au moment où le confident de Maximin écrivait ce secret. Depuis soixante ans que le fils de Louis XVI a péri par les plus indignes traitements, plusieurs intrigants ont usurpé son nom. Ces faux ducs de Normandie n'étaient plus depuis longtemps. Tous les partisans du roi d'outre-tombe le voyaient dans la personne du baron de Richemont; ils étaient unanimes à reconnaître en lui son identité, et il est mort, bien mort depuis bientôt un an. L'illusion devrait être tombée. Elle ne l'est pas, au moins pour tous. Il y en a parmi eux qui croient que leur héros va ressusciter. Ils portent le fanatisme si loin, qu'on en a vu un, faisant la prière devant plusieurs personnes de son opinion, ajouter aux litanies cette invocation : «Saint-Esprit, incarné en Louis XVII, ayez pitié de nous.» Or, ces hommes, d'une crédulité si prodigieuse, lient leur utopie à l'affaire de la Salette. Le ciel est intervenu en faveur de leurs folles idées. La sainte Vierge a fait connaître aux bergers le rôle providentiel du fils du roi martyr. Voilà sept ans que l'on croyait voir ici la main des partisans de Louis XVII. Ils disaient eux-mêmes que le secret donné aux enfants le regardait; ils avaient conduit Maximin à Ars; ils sont tous les plus exaltés croyants à l'apparition. Enfin les paroles qu'on a lues fournissent la dernière preuve. Mais si la Salette se confond avec ce rêve si creux par rapport à Louis XVII, elle est jugée, il n'y pas à s'en occuper.

Tout cela n'est pas douteux. Mais ne pourrait-on pas aller plus loin et trouver des affinités entre la Salette et une secte qui menace de s'étendre? Les disciples de Vintras veulent couvrir la France de prodiges. Bien des personnes leur attribuent le faux miracle de Saint-Saturnin , près d'Apt. Ils travaillent à substituer le règne du Saint-Esprit à celui de Jésus-Christ, le règne de l'amour à celui de la foi ; la société sera régénérée par la femme.

Mais, pour laisser les conjectures, voici quelque chose de certain et aussi fort que tout ce que l'on peut imaginer : La parole est très authentique ; on pourrait citer les témoins ; les croyants ne sauraient les récuser , car ils sont les premiers et les plus ardents d'entre eux. Mélanie a dit *que les apôtres ressusciteraient et prêcheraient un nouvel Evangile.* C'est bien là , certes, une hérésie fondamentale. Cette énormité fait voir si elle est si inoffensive, cette erreur de la Salette.

Les enfants sont-ils seuls ? Il n'est guère probable qu'ils tirent tout cela de leur fond. Mais, qui donc les inspire ? Où va-t-on si on les suit ? N'y a-t-il pas là un danger pour la foi et les mœurs ?

Les enfants sont dévoyés, pourrait-on dire ; ils sont gâtés. Mais le présent ne fait rien pour le passé , la Salette n'en est pas moins un fait divin, quand même elle est défigurée et obscurcie par les paroles et la conduite des deux bergers.—Il faut bien convenir, dans tous les cas, que le présent n'est pas une présomption en faveur du passé ; qu'il est une raison de l'examiner avec plus de sévérité. Mais il y a plus , le passé est conforme au présent. Est-ce que les enfants , dès le principe, n'ont pas menti ? Ne se sont-ils pas contredits ? N'ont-ils pas retranché de leur récit ? N'y ont-ils pas ajouté ? Ce qu'ils ont fait dans le commencement, ils l'ont continué dans la suite. C'est un arbre qui porte de mauvais fruits, parce que sa nature est mauvaise. Ces eaux-là ne sont bourbeuses qu'à cause de la source qui n'est pas pure.

L'affaire de la Salette est grosse de divisions, de scandales. Elle a fait du mal , elle peut en faire encore. Mais ce mal est guérissable. Il y a toujours eu des erreurs ; celle-ci s'ajoute aux autres, et elle est loin d'être la plus spécieuse. Elle passera sans doute comme les autres ont passé. Le bien, dans l'Eglise , c'est que jamais le mensonge n'a prévalu. Rome le blesse au cœur et l'empêche de vivre. Qu'elle souffle seulement sur la Salette , et cette poussière sera dissipée.

Serait-on reçu à faire humblement à Sa Sainteté les questions suivantes ?

Première. — L'église qu'on bâtit à la Salette doit-elle être regardée comme un monument et une preuve de l'apparition ?

Deuxième. — Les indulgences accordées l'ont-elles été comme reconnaissance de l'apparition ?

Troisième.—La fête de la Salette oblige-t-elle les prêtres qui ne peuvent l'annoncer et la célébrer sans mentir à leur conscience et tromper sciemment le public ?

Quatrième. — La fête du 19 septembre justifie-t-elle l'office de Notre-Dame de la Salette, composé par un chanoine de Grenoble? Est-il bon d'ajouter cette nouveauté à toutes celles qui séparent de la létargie romaine ?

Ce mémoire avant d'être rendu public dans l'intérêt de la vérité, a été, communiqué à S. Em. le cardinal métropolitain par une députation du clergé avec prière de la transmettre au Souverain-Pontife, sous la garantie personnelle de plus de cinquante prêtres du diocèse, appartenant à tous les degrés de la hiérarchie et exerçant les fonctions de leur ministère dans un rayon très restreint du vaste diocèse de Grenoble.

Pénétrés de cette vérité, que les faits et les raisons consignés dans le mémoire puisent leur force dans leur propre nature et non dans le nombre de ceux qui les allèguent, les auteurs du mémoire n'ont sollicité aucune adhésion de leurs autres confrères ; ils n'ont pas même réclamé un concours dont ils étaient bien assurés, celui des dix-sept opposants qui ne résidaient pas dans le rayon qu'ils habitent eux-mêmes, et qui sont signalés par M. Rousselot dans son *Nouveau sanctuaire.*

Ils ont obéi à ce double sentiment :

Manifester, sous la garantie très suffisante de plus de cinquante prêtres, la vérité au Souverain-Pontife ;

Ne pas faire partager inutilement, à des confrères consciencieux, mais timides, la responsabilité de leur périlleuse initiative.